Ulrike Hans

Ästhetische Konzepte des Sprechens

Das Konzept des Gestischen Sprechens von Hans Martin Ritter und der Gebärden-Ansatz der Sprachgestaltung von Rudolf und Marie Steiner. Gemeinsamkeiten und Unterschiede im Kontext des Dichtungssprechens

Abschlussarbeit zur Erlangung des akademischen Grades
Master of Arts in Speech Communication and Rhetoric,
vorgelegt an der Universität Regensburg,
Zentrum für Sprache und Kommunikation,
Mündliche Kommunikation und Sprecherziehung

Ulrike Hans

Ästhetische Konzepte des Sprechens

Das Konzept des Gestischen Sprechens von Hans Martin Ritter und der Gebärden-Ansatz der Sprachgestaltung von Rudolf und Marie Steiner. Gemeinsamkeiten und Unterschiede im Kontext des Dichtungssprechens

Sie finden uns im Internet unter
www.forschung-waldorf.de • www.waldorfbuch.de

ISBN 978-3-944911-53-3

Satz und Gestaltung:
Druck und Bindung: Druck- und Medienzentrum Gerlingen GmbH, 70839 Gerlingen

Bibliografische Information der Deutschen Nationalbibliothek:
Die Deutsche Nationalbibliothek verzeichnet diese Publikation in der Deutschen Nationalbibliografie; detaillierte bibliografische Daten sind im Internet über http://dnb.d-nb.de abrufbar.

Cover-Abbildungen:

Friedrich Schiller 1759 - 1805 (Carl Jägers Schillerportrait von 1878)

Johann Wolfgang von Goethe 1749 - 1832 (Portrait von Carl Stieler 17881 – 1858)

Wilhelm von Humboldt 1767 - 1835 (Lithographie von Franz Krüger (http://www.sammlungen.hu-berlin.de/dokumente/6012/) 10.04.2017

Marie Steiner 1867 - 1948 (Dokumentation Goetheanum, Dornach/CH)

Rudolf Steiner 1861 - 1925 (Dokumentation Goetheanum, Dornach/CH)

Hans Martin Ritter *1936 (Fotograf: Hillert Ibbeken, Berlin)

Konstantin Stanislawski 1863 - 1938 (https://commons.wikimedia.org/wiki/File:Constantin_Stanislavski.jpg) 10.04.2017

Michael Tschechow 1891 – 1955 (http://www.nekrasovactortraining.com/files/2010/12/Chekhov-in-1929.jpg) 10.04.2017

Antonin Artaud (http://biografieonline.it/biografia.htm?BioID=3315&biografia=Antonin+Artaud) 10.04.2017

Bertolt Brecht 1898 - 1956 (Quelle: Bundesarchiv Bild 183-W0409-300 / Kolbe, Jörg / CC-BY-SA 3.0)

Die Sprache, die nicht gestalteter Gestus ist, ist im Grunde genommen etwas, was keinen Boden unter den Füßen hat.

Rudolf Steiner

Vorwort

Gesprochene Worte sind nicht gleichzusetzen mit geschriebenen, sondern folgen durchaus eigenen Regeln und, bezogen auf die Sprechkunst, auch einer eigenen Ästhetik. Ob das Sprechen von Dichtung sich unterscheiden solle vom alltäglichen Sprechen, ob man also eine gehobene Sprache benötige oder ob der Sprecher sich den Text so zu eigen machen solle, dass er für die Zuhörer vertraut und natürlich klingt, darüber streiten sich die Fachleute für Sprechkunst seit langem.

Der Theaterdirektor Johann Wolfgang von Goethe kämpfte bei der ‚Erziehung' seiner Schauspieltruppe in Weimar mit zwei Unarten: Entweder waren ihm die Schauspieler zu unbefangen und natürlich, vollführten private Handlungen und redeten, wie ihnen der Schnabel gewachsen war, oder sie präsentierten sich auf der Bühne steif, gekünstelt und manieriert. So war die Blütezeit des klassischen Theaters und des Dichtungssprechens in den Salons auch eine Zeit, in der das künstlerisch dargebotene Wort besondere Pflege und Aufmerksamkeit bekam.

Die Sprechwissenschaftlerin Irmgard Weithase bezeichnet Goethe als den ersten Sprecherzieher. Seine Regeln für Schauspieler und seine unermüdliche praktische Arbeit bewirkten, dass der Stil der Weimarer Klassik für lange Zeit das Ideal darstellte.

Im Laufe der darauf folgenden zwei Jahrhunderte hat sich das Verständnis dessen, was Dichtungssprechen ist und welche Paradigmen gelten, stark verändert. Heute geht die Tendenz dahin, das Sprechen sowohl innerhalb der Theaterrolle als auch beim Rezitieren möglichst natürlich und realistisch, also publikumsnah zu präsentieren.

Der Weg dazwischen wurde geprägt von vielen verschiedenen Persönlichkeiten, von denen in diesem Buch nur einige wenige in ihren Ansätzen beschrieben werden können. In einem historischen Abriss wird gezeigt, inwiefern Stanislawskis Realismus, Tschechows Psychologische Geste und Brechts Gestisches Prinzip sich auf die Sprechkunst ausgewirkt haben. Es schließen sich die wichtigsten Entwicklungen des 20. und 21. Jahrhunderts in Bezug auf die Sprechkunst und beim Verständnis von Sprache allgemein an.

Der Hauptteil des Buches stellt zwei ästhetische Konzepte einander gegenüber, die zeitlich weit auseinander liegen. Die Sprachgestaltung nach Marie und Rudolf Steiner entstand in den Jahren 1902 bis 1924. Das Konzept des Gestischen Sprechens wurde ab etwa 1986 von Hans Martin Ritter entwickelt. Als Ergebnis einer ausführlichen Literaturrecherche und eines Interviews mit Hans Martin Ritter kann gezeigt werden, dass Gemeinsamkeiten der beiden ästhetischen Konzepte vor allem in Bezug auf ihre Auffassung von Sprache bestehen. Beide Konzepte betrachten die gesprochene Sprache als einen gesamtkörperlichen Prozess mit gestischem bzw. gebärdenhaftem Charakter.

Zu Grunde liegt bei beiden Ansätzen die These, dass das Sprechen eine besondere Form des Sich-Gebärdens ist und somit seinen Ausgangspunkt in vorsprachlichen seelischen Impulsen nimmt. Auf dieser Annahme basierten auch die Theorien und Methoden Michael Tschechows, Antonin Artauds und Bertolt Brechts, von denen sich Hans Martin Ritter inspirieren ließ. Der Frage, woher diese Impulse stammen und welche ureigenen menschlichen Fähigkeiten ihnen zu Grunde liegen, ging besonders Rudolf Steiner in seinen Überlegungen zur Sprachentstehung und Sprachwahrnehmung nach. Seine Darstellungen dazu werden in einem gesonderten Kapitel zusammengefasst und allgemein verständlich vorgestellt.

In beiden ästhetischen Konzepten artikuliert sich zusätzlich eine deutliche Skepsis gegenüber der Vorstellung, die lautlichen Zeichen, aus denen jede Sprache besteht, seien nichts anderes als willkürlich gesetzte Vereinbarungen, also Symbole, die nichts mit dem Inhalt des Wortes gemein hätten. Die von Ritter wie von Steiner vertretene Auffassung, Vokale und Konsonanten hätten sich innerhalb der evolutionären Entstehung der Sprachen aus dem gestischen oder gebärdenhaftem Ausdrucksverhalten des Menschen herausgebildet, entspricht den Ergebnissen der neueren psycholinguistischen Forschung. Forscher der Max Planck Institute in Nimwegen, Jena und Leipzig haben in den letzten Jahren verschiedene Studien zu dieser Thematik veröffentlicht.[1] Dass sich der evolutionäre Zusammenhang von Bewegung bzw. Gebärde und Sprache sowohl neurowissenschaftlich als auch psycholinguistisch auffinden lässt, bekräftigt die besondere Bedeutung derjenigen Konzepte, die auf dieser Erkenntnis fußen. Bemerkenswert ist, dass Steiner und Ritter bei ihren Beschreibungen der Lautgesten oder Lautgebärden zu ganz ähnlichen Ergebnissen kommen. Dies spricht für eine gewisse objektiv erkennbare ges-

[1] https://www.mpg.de/9676546/sprache-nicht-arbitraer

tische Charakteristik eines jeden Lautes. Sowohl das Gestische Sprechen als auch die Sprachgestaltung haben, so die Schlussfolgerung dieser Arbeit, ihre tiefe Berechtigung innerhalb der Erscheinungsformen der modernen Sprechkunst.

Inhalt

1. Einleitung

1.1 Ausgangssituation

Fast zeitgleich mit der Begründung der Sprecherziehung durch Erich Drach entstand in Dornach/Schweiz die Sprachgestaltungsbewegung. Im September 1924 hielt Rudolf Steiner gemeinsam mit seiner Frau, der Schauspielerin und Rezitatorin Marie Steiner-von Sivers[2] eine Vortragsreihe, in der er seine Theorien und Methoden zum Umgang mit Rezitationskunst und Schauspiel entwickelte. Schon in den Jahren zuvor hatten Marie und Rudolf Steiner im Rahmen der Waldorfschulgründung und der Ausbildung von Vortragsrednern theoretische und praktische Hinweise zur Sprechbildung und zur Rhetorik gegeben. Nach Steiners Tod im Jahre 1925 gründete Marie Steiner eine Ausbildung für Sprachgestaltung und Schauspiel, die bis heute fortbesteht. Absolventen dieser Ausbildung gründeten in den 1970er Jahren weitere Ausbildungsstätten z.B. in Alfter bei Bonn (Alanus-Hochschule) und in Stuttgart. Der Studiengang Sprachgestaltung/Schauspiel an der Alanus-Hochschule hatte ab 2002 die staatliche Anerkennung, bevor er 2005 in eine Schauspielausbildung umgewandelt wurde. Sprachgestalter[3] sind heute in der Kultur- und Kunstszene, in Pädagogik, Erwachsenenbildung und Therapie tätig. Sehr häufig bringen sie ihre Arbeit auch in nicht-anthroposophischen Arbeitszusammenhängen erfolgreich ein. Im Laufe der Jahrzehnte hat sich innerhalb dieser Berufsgruppe ein großer Erfahrungsschatz angesammelt, der aufgearbeitet und in den Diskurs der Sprechwissenschaft eingebracht werden könnte. Dass dies bisher kaum stattfindet, führt dazu, dass zwei in den Fragen und Problemstellungen ganz ähnliche Berufsgruppen weitestgehend isoliert voneinander existieren und meist wenig voneinander wissen.

Zwar haben viele Sprachgestalter[4] sich mit den Methoden und Erkenntnissen der Sprecherziehung und der Sprechwissenschaft beschäftigt, außerdem gibt es eine große Anzahl einzelner Persönlichkeiten, die sich in beiden Kreisen bewegen. Darüber hinaus finden seit einigen Jahren vermehrt Arbeitsbegegnungen von Sprachgestaltern und Sprecherziehern statt. Allerdings fehlen öffentlich zugängliche Publikationen dazu. Eine wissenschaftlich vergleichende Untersuchung zu Ansätzen der

[2] Im Folgenden Marie Steiner

[3] Aus Gründen der Vereinfachung wird ausschließlich die männliche Form verwendet. Personen jeglichen Geschlechts sind darin gleichermaßen eingeschlossen.

[4] Nicht zu verwechseln mit der gleichnamigen Berufsbezeichnung der Sprecherzieher in Österreich

Sprecherziehung mit dem Konzept der Sprachgestaltung gibt es meines Wissens noch nicht.

1.2 Ziel der Arbeit

Mit dieser Arbeit soll ein erster Schritt in diese Richtung getan werden. Um nicht das Trennende, das in vielerlei Hinsicht aufgezeigt werden könnte, sondern das Verbindende in den Vordergrund zu stellen, wurde für einen Vergleich ein ästhetischer Ansatz ausgewählt, der auf den ersten Blick eine frappierende Nähe zum Konzept der Sprachgestaltung aufweist.

Das Gestische Sprechen, das der Sprecherzieher Hans Martin Ritter entwickelt hat, entspricht dem aktuellen wissenschaftlichen Erkenntnisstand in hohem Maße. Ritter ist auf dem Feld der Ästhetischen Kommunikation renommiert, seine Methoden und Theorien zum Gestischen Sprechen sind allgemein anerkannt und werden an Schauspielschulen und innerhalb der Sprecherzieherausbildung praktiziert. Der Vergleich mit einem Konzept, das knapp hundert Jahre zuvor, also etwa zeitgleich mit den Anfängen der Sprecherziehung entwickelt wurde, ist vor allem dann zu rechtfertigen, wenn in diesem Konzept Elemente zu finden sind, die ebenfalls dem heutigen Stand der Wissenschaft entsprechen. Da Ritter in den Methoden ähnlich vorgeht wie Steiner, scheint ein Brückenschlag möglich. Wie Steiner geht Ritter davon aus, dass im Sprechen der Mensch als Ganzes einbezogen werden muss. Beide setzen voraus, dass die Sprache ein komplexer Vorgang ist, der Denken, Fühlen und Handeln des Menschen gleichermaßen betrifft. Die Methoden, nach denen im Umgang mit Texten vorgegangen wird, berücksichtigen diese Zusammenhänge. Wie bei Steiner, spielt in Ritters Ansatz die physische Bewegung, das Ergreifen und Hervorbringen der inneren Impulse über die körperliche Bewegung eine große Rolle.

Auffällig ist die Ähnlichkeit besonders in diesem körperlich-gestischen Ansatz. Deshalb wurde bei der Untersuchung beider Konzepte das Augenmerk besonders auf diesen Aspekt gelegt. Während bei Ritter das Gestische schon in der Benennung des Ansatzes erscheint, wurde es für die Sprachgestaltung als *‚Gebärden-Ansatz'* explizit herausgegriffen. Damit soll verdeutlicht werden, dass es in der Untersuchung der Sprachgestaltung vor allem um diesen grundlegenden Aspekt gehen wird.

Obwohl beide Konzepte sich sowohl auf das Schauspiel als auch auf das Dichtungssprechen beziehen, wird sich die Untersuchung zugunsten einer tieferen Betrachtung auf das Dichtungssprechen beschränken. Überlegungen zum Sprechen innerhalb einer Rollendarstellung werden nur dort einbezogen, wo sie für das Dichtungssprechen relevant erscheinen.
Auf die naheliegende Frage, *warum* die beiden Konzepte in mancher Hinsicht diese Nähe aufweisen, ließ sich die Antwort leicht finden. Dies wird in der biographischen Darstellung zu Ritter in Kapitel 3.3.1 und im angehängten Interview ersichtlich.
Somit will die folgende Untersuchung Antworten finden auf die Frage: Welche Gemeinsamkeiten gibt es zwischen dem Konzept des Gestischen Sprechens nach Ritter und dem Gebärden-Ansatz der Sprachgestaltung Steiners in Bezug auf das Sprechen literarischer Texte und wo liegen die Unterschiede?

1.3 Die Vorgehensweise

Die Erkenntnisse dieser Arbeit stützen sich in erster Linie auf einschlägige Publikationen. Dabei wurde so viel als möglich auf Primärliteratur zurückgegriffen. In einigen wenigen Fällen wurden Internetquellen einbezogen. Diese Quellen wurden auf Aktualität überprüft. Für die Untersuchung des Gestischen Sprechens nach Ritter wurde zusätzlich ein Interview herangezogen, das die Verfasserin dieser Arbeit mit Hans Martin Ritter geführt hat. Das Interview wurde mit Hilfe eines digitalen Aufnahmegerätes dokumentiert und nachträglich transkribiert. Eine leicht gekürzte, von Hans Martin Ritter überarbeitete und autorisierte Fassung dieses Interviews befindet sich im Anhang dieser Arbeit.
Der Hauptteil der Arbeit gliedert sich in drei Teile. Im ersten Teil geht es um theoretische Grundlagen und die Historie des Dichtungssprechens. Im zweiten Teil werden die zu vergleichenden Konzepte separat dargestellt. Dass dabei der Sprachgestaltung der quantitativ größere Teil zufällt, möge nicht als Ausdruck geringerer Wertschätzung dem Gestischen Sprechen gegenüber verstanden werden. Vielmehr schien es der Verfasserin geboten, den speziellen Denkansatz Steiners in Bezug auf Sprachwahrnehmung (Kapitel 3.2.2) und Weltbezug (Kapitel 3.2.4) näher zu erläutern. In Kapitel 4 werden einzelne Aspekte zu Sprache und Dichtungssprechen herausgegriffen und in direktem Vergleich gegenübergestellt. Im Schlusskapitel werden die gewonnenen Erkenntnisse gewichtet und zu aktuellen wissenschaftlichen Erkenntnissen in Beziehung gesetzt. Darüber hinaus wird ein Ausblick auf

mögliche zukünftige Entwicklungen sowohl innerhalb der Sprechkunst und Sprecherziehung, als auch bei den Sprachgestaltern gegeben.

2. Theoretische Grundlagen

2.1 Einleitung

In diesem Kapitel wird zunächst der Begriff des Dichtungssprechens eingegrenzt und unter Berücksichtigung der aktuellen Publikationen zur Sprechkunst definiert. Um die theoretischen Grundlagen in ihrer historischen Veranlagung aufzuzeigen, folgen Darstellungen zu den Einflüssen, die das Dichtungssprechen seit Beginn des 19. Jahrhunderts bis heute geprägt haben. Hier schien vor allem eine ausführliche Darstellung der Goethe'schen Einflüsse geboten, in dessen Nachfolge sich Steiner bezüglich seiner Auffassungen zum Dichtungssprechen einordnen lässt. In der dann folgenden Darstellung der Entwicklungen des 20. Jahrhunderts wurde besonders Bertolt Brecht berücksichtigt, der für Ritter richtungsweisend wurde. Ferner wird ein kurzer Überblick über die Konzepte Stanislawskis, Tschechows und Artauds gegeben, die ebenfalls in Bezug auf ein Verständnis der Überlegungen Ritters relevant sind. Es wird außerdem ein Blick auf das sich verändernde Sprachverständnis von 1800 bis heute geworfen.

Alles in allem fanden aus der Fülle der Erscheinungen und Theorien hauptsächlich diejenigen Berücksichtigung, bei denen ein direkter Einfluss auf die zu untersuchenden Ansätze erkennbar war.

2.2 Was ist Dichtungssprechen

Das Dichtungssprechen oder die Rezitation gehört zu den Erscheinungen der mündlichen Kommunikation und ist ein Teilbereich der Sprechkunst oder der Ästhetischen Kommunikation. Es bezieht sich auf das sprechkünstlerische Interpretieren literarischer Texte, sofern dies nicht ein Sprechen während des Theaterspielens ist. Das Sprechen beim Schauspielern innerhalb eines Theaterstückes stellt einen weiteren Teilbereich der Sprechkunst dar, der der Rezitation zwar nahe steht, jedoch ganz andere Bedingungen zu erfüllen hat. Abzugrenzen ist das Dichtungssprechen auch vom Sprechen nicht-literarischer oder improvisierter Texte.

Als Textgrundlage des Dichtungssprechens dienen poetische Werke aus den Gattungen Epik, Lyrik oder Dramatik. Bei der Dramatik wird von einer sprecherischen, nicht einer *„figurendarstellenden“*[5] Interpretation ausgegangen.

---

[5] Gutenberg 2001, S. 161

Das Hineinschlüpfen in eine Figur kann als zentrales Merkmal der schauspielerischen Darstellung gesehen werden. Die

> *'reine' Sprechkunst (wie in der klassischen Rezitation) ist gegeben, solange der Sprecher nur er selbst ist, nicht vorgibt, ein anderer zu sein, in keine Figur schlüpft.*[6]

Das Dichtungssprechen kann als eigenständige Kunstform in Form von Rezitationen vor Publikum stattfinden, aber auch Bestandteil anderer Künste sein wie z.B. Vernissagen oder Konzerten. Auch häufig anzutreffen sind Mischformen gemeinsam mit Formen des Schauspiels in Szenischen Lesungen, Szenischen Collagen oder Performances.[7] Auch wenn die strikte Trennung in der Bühnenpraxis nur noch selten realisiert ist, soll sie hier zugrunde gelegt werden, um im weiteren Verlauf der Untersuchung eine Unterscheidung zu haben zwischen der Erarbeitung von Texten für das Schauspiel oder für das Dichtungssprechen. Obwohl es sich beim Dichtungssprechen um einen mündlichen „*Prozess der Textreproduktion*"[8] handelt, hat es doch auch produzierenden Charakter. Die Produktivität liegt in der eigenständigen Interpretation der Textvorlage, bei welcher dem Sprecher „*eine aktiv künstlerische Rolle* "[9] zukommt.

Die Zuordnung des Dichtungssprechens zum Fachbereich der mündlichen Kommunikation markiert neben dem Bezug zur literarischen Grundlage den kommunikativen, rhetorischen Charakter dieser Kunst. Der zugrunde liegende Text ist die Partitur des Vortrags und muss neu gestaltet werden. Diese Neugestaltung fügt der literarischen Fassung eine sinnliche Dimension hinzu, die ohne die sprecherische Interpretation verborgen bliebe. Als Parameter für die zu erarbeitende Sprechfassung dient, zusätzlich zu den Eigenschaften des Textes und der individuellen Beziehung des Sprechers zum Text, auch die rhetorische Absicht für den jeweiligen Vortrag. Als Konsequenz einer, wie immer gearteten, rhetorischen Intention ergibt sich, dass schon bei der Erarbeitung die zu erwartenden Hörer und die Vortragssituation insgesamt in den Blick genommen werden müssen.[10] Insofern ist die von Hellmut Geißner beschriebene Konstellation zwischen dem Produzierenden, dem Produkt und den Rezipienten zu beachten.[11] Zur rhetorischen Situation gehört, dass der

[6] Haase 2013c, S. 192
[7] Vgl. Haase 2013b, S. 178
[8] Pabst-Weinschenk 2011a, S. 181
[9] Lämke 2011, S. 182
[10] Gutenberg 2001, S. 166
[11] Vgl. Geißner 1981, S. 176

Sprecher nicht der Urheber des zu vermittelnden Textes ist, (sofern es sich nicht um eine Autoren- oder Dichterlesung handelt). Dies bedeutet, dass es immer eine *„historische Differenz“*[12] zwischen der wiedergegeben Sprechfassung und dem literarischen Original gibt, die nicht aufzulösen ist. Selbst im Falle einer Dichterlesung ist diese historische Differenz vorhanden, da zum Zeitpunkt der Entstehung des dichterischen Werkes andere Bedingungen vorlagen, als während der Lesung. Dies bedeutet, dass es keine objektive, allein gültige Sprechfassung gibt, sondern dass jede Sprechfassung an die oben beschriebenen Bedingungen geknüpft ist. Insofern gibt es auch keine Wiederholbarkeit. Die in einem sprechkünstlerischen Vortrag wiedergegebene Sprechfassung ist einzigartig und allein in der jeweiligen Situation möglich. Trotzdem muss für den Zuhörer immer wahrnehmbar bleiben, dass es sich um eine Textreproduktion und nicht um phatisches bzw. spontanes Sprechen handelt.[13] Soll das Dichtungssprechen im sprechwissenschaftlichen Sinne künstlerisch oder ästhetisch sein, so ist nach Gutenberg nicht nur die Auswahl der Textgrundlage entscheidend, sondern vor allem die Art der Darstellung, die im Sinne der ‚aisthesis' wahrnehmungsbezogen und im Sinne der ‚techné' handwerklich fundiert bzw. kunstfertig sein sollte.[14] Um beurteilen zu können, ob eine Sprechfassung im oben genannten Sinne richtig oder falsch ist, benötigt man beschreibbare Kriterien. Diese machen sich fest an literarturwissenschaftlichen, poetologischen und linguistischen Strukturgesetzmäßigkeiten einerseits und an phonetischen und sprechwissenschaftlichen Erkenntnissen andererseits. In neuerer Zeit fließen auch neurowissenschaftliche Erkenntnisse in Bezug auf mündliches Kommunizieren in den Diskurs ein.[15]

Im Laufe der letzten beiden Jahrhunderte wurden in Bezug auf das Rezitieren vielfältige Theorien und Normen aufgestellt und kontrovers diskutiert. Diese Regeln und Normen bezogen sich zum einen auf phonetische Prozesse bezüglich der Artikulation, der Atemtechnik und der Stimmbildung bzw. des Stimmgebrauchs, zum anderen auf Ausspracheregeln und Fragen des Sprechstils. Eine häufig thematisierte Frage ist die der Werkangemessenheit bzw. der interpretatorischen Freiheit gegenüber einem dichterischen Kunstwerk. Die Begriffe ‚Werksprecher' oder ‚Selbstsprecher' wurden, seit der Begründung der Sprechkunst durch Drach, immer wieder in

[12] Ebd., S. 178
[13] Vgl. Gutenberg 2001, S. 167
[14] Vgl. Ebd., S. 162f
[15] Vgl. Hollmach 2013, S. 194

unterschiedlichen Gewichtungen diskutiert. Ortwin Lämke hält diese Diskussion für beendet:

> *Da die neuere Sprechwissenschaft die Ästhetische Kommunikation konsequent als kommunikativen Prozess begreift, vermag sie im Prinzip subjektivistische* [Selbstsprecher] *oder objektivistische* [Werksprecher] *Haltungen zu vermeiden.*[16]

Dem gegenüber stellt Wernfried Hübschmann die Unterordnung der Sprechkunst unter die Kategorie ‚Kommunikation' durchaus in Frage. Er argumentiert, dass die Sprechkunst kein Sonderfall der Rhetorik sei, sondern ein

> *eigengesetzlicher Handlungsraum, in dem Kommunikation etwas ganz anderes bedeutet als in allen anderen Teilbereichen,*[17]

denn das dichterische Kunstwerk sei ebenso wenig von der Alltagssprache ableitbar, wie die Sprechkunst vom phatischen Sprechen. Das besondere Merkmal des künstlerischen Sprechens sei es gerade, dass es nicht funktional sei und, wie jedes Kunstwerk im eigentlichen Sinne, „*zweck-los.*"[18] Somit relativiere sich die rhetorische Intention als dominierende und übergeordnete Funktion. Entscheidend für eine wissenschaftliche Betrachtung sei daher nicht in erster Linie die Kommunikation mit dem Publikum, sondern die Begegnung mit dem dichterischen Kunstwerk. Dies sei das eigentliche Gegenüber des Sprechkünstlers.[19]

Parallel zu den theoretischen Diskursen gab es fortlaufend Entwicklungen in der künstlerischen Praxis, die sich häufig dadurch auszeichneten, dass sie nicht mit der gerade gültigen Lehrmeinung konform gingen und deshalb für Diskussionsstoff sorgten. Möglicherweise erwiesen sie sich für die Weiterentwicklung der Sprechwissenschaft und der Sprecherziehung gerade dadurch als fruchtbar.

Die hier wiedergegebene Definition des Dichtungssprechens stellt einen Grundkonsens dar, unter dem sich die meisten der heute publizierenden Sprechkünstler und Sprechwissenschaftler wiederfinden. Zum Grundkonsens gehört auch, dass das Sprechen ein gesamtkörperliches Ereignis ist, in das sowohl physische und physiologische als auch psychische Zustände und Haltungen maßgeblich hineinwirken.

---

[16] Lämke 2011, S.183
[17] Hübschmann 1990, S. 72
[18] Ebd., S. 73
[19] Vgl. Ebd.

2.3 Einflüsse auf die Rezitationskunst ab 1800

Da im Zentrum dieser Arbeit der Vergleich zweier theoretischer Ansätze stehen soll, die in großem zeitlichen Abstand zueinander entstanden sind, nämlich derjenige der Sprachgestaltung zu Anfang des 20. Jahrhunderts mit dem des Gestischen Sprechens, das gegen Ende des 20. und Anfang des 21. Jahrhunderts entwickelt wurde, soll im Folgenden ein kurzer Überblick über die wichtigsten Entwicklungen der letzten zweihundert Jahre gegeben werden. Dabei werden aus der Vielfalt der Themen vor allem diejenigen Ansätze und Fachvertreter berücksichtigt, die sich auf die zu vergleichenden Konzepte ausgewirkt haben. Im Hinblick auf die Forschungsfrage ist außerdem interessant, wie sich das Sprachverständnis in diesem Zeitraum verändert hat, welche Standpunkte bezüglich der Methoden zur Aneignung von Texten eingenommen wurden und welche Ansichten bestanden bezüglich des Verhältnisses des Sprechers zu Textvorlage und zum Publikum. Am Ende dieses Kapitels werden heute aktuelle Ansätze skizziert.

2.3.1 Goethes Regeln für Schauspieler

Während die klassische Rhetorik, die bis ins 18. Jahrhundert hinein an Universitäten und in den höheren Schulen unterrichtet worden war, zur Zeit der Aufklärung in die Kritik geraten und als Mittel zur Überredung oder zur *„höfischen Beredsamkeit“*[20] beargwöhnt worden war, erhielt sich mehr oder weniger unangefochten die Lehre von der *„Wohlredenheit bzw. der Sprechkunst.“*[21] So gab es eine große Anzahl von Lehrbüchern zum Deklamieren, Vorlesen oder Schauspielern.[22] Das Anhören und Vortragen von Dichtung auf Bühnen oder in privaten Salons wurde in gebildeten Kreisen populär und führte zur Herausbildung einer *„sprachlich-kulturellen Identität“*[23] in Deutschland. Das literarische Leben wurde geprägt von Dichtern wie Goethe, Schiller, Lessing und Tieck. Darüber hinaus reisten beliebte Deklamatoren wie Karl von Holtei oder Emil Palleske durch Deutschland und trugen vor großem Publikum klassische und zeitgenössische Dichtung vor.[24]

Als einer der größten Reformer des sprachlichen Ausdrucks und der Sprechkunst sei hier Johann Wolfgang von Goethe (1749-1832) genannt, dessen Wirken an die-

[20] Meyer-Kalkus 2001, S. 223
[21] Ebd., S. 224
[22] Vgl. Ebd. S. 224f
[23] Ebd., S. 225
[24] Vgl. Ebd., S. 226

ser Stelle näher beleuchtet werden soll. Goethes Maximen werden besonders bei Rudolf Steiner, in mancher Hinsicht auch bei Hans Martin Ritter wieder auftauchen. Mit seinen *Regeln für den Schauspieler*[25] setzte Goethe 1803 Maßstäbe, die z.T. bis heute gelten können.[26] Irmgard Weithase hält Goethes Einfluss für so groß, dass sie ihn noch für die Betrachtung der Vortragspraxis zwischen 1825 und 1890 einbezieht. Sie begründet dies damit, dass Goethes unermüdliche Bestrebungen dafür, dass *„das reine Wort"*[27] wieder größere Bedeutung bekomme, erst in der zweiten Hälfte des 19. Jahrhunderts wirklich zum Tragen gekommen seien, er somit etwas angelegt habe, was später erst aufzublühen vermochte.[28] Zu Lebzeiten wirkte Goethe nicht nur durch seine Regeln, sondern auch, indem er sich selbst als Sprecher betätigte und darüber hinaus viel Zeit und Engagement darein setzte, seine Schauspieler auszubilden. Weithase geht soweit, der Tätigkeit Goethes als Sprecher und Sprecherzieher mehr Wirkung zuzugestehen als seiner niedergeschrieben Theorie.[29] Goethes strenges Regiment als Theaterdirektor in Weimar führte dazu, dass improvisatorische Freiheiten dem Text gegenüber und das Dialektsprechen auf der Bühne eingedämmt wurden. Dies führte für das Theater zu einer zunehmenden Literarisierung. Die von Goethe in Weimar eingeführten Leseproben und das Dramenlesen als kulturelles Ereignis wirkten stilbildend für Schauspiel, Rezitation und Deklamation bis ins 20. Jahrhundert hinein und zwar:

> *mit der Insistenz auf Deutlichkeit, leicht faßlicher* [sic] *Verständlichkeit und Gefälligkeit des Vortrags, mit dem Bestreben, zu einer vollständigen und reinen Aussprache zu gelangen, mit der Kampfansage gegen Dialekte und Provinzialismen,* [...] *schließlich mit der Dominanz des geschriebenen dichterischen Wortes über dem gesprochenen.*[30]

Im Gegensatz zu Weithase vertritt Meyer-Kalkus die Ansicht, dass es zu kurz gegriffen sei, in erster Linie das Theater als den Ort der Sprechkunst des beginnenden 19. Jahrhunderts zu betrachten. Größere *„soziale und kulturelle Breitenwirkung"*[31] habe die Kultur des Vorlesens, der Rezitation und der Deklamation gehabt. Ihnen sei es zu verdanken, dass sich die neu gesetzten Standards hätten durchsetzen

[25] Goethe, Johann Wolfgang von 1988, S. 703f
[26] Vgl. Weithase 1949, S. 70
[27] Weithase 1940, S. 188
[28] Ebd.
[29] Vgl. Weithase 1949, S. 70
[30] Meyer-Kalkus 2001, S. 228f
[31] Ebd. S. 235

können.[32] Zu den stilbildenden Maßnahmen Goethes gehörten neben Volllautung, Dialektfreiheit und dem Einhalten der metrischen und poetischen Form auch eine klare stilistische Abgrenzung zwischen Vorlesen, Deklamieren und Rezitieren.
Mit Rezitation beschreibt Goethe einen Sprechstil, der *„ohne leidenschaftliche Tonerhebung“* (729)[33] auskommt und eine Art Mittellage zwischen *„der kalten ruhigen und der höchst aufgeregten Sprache“* (ebd.) bildet. Der Sprecher folgt den *„Wirkungen des Eindrucks“* (ebd.), die der Inhalt der Dichtung auf ihn macht, ohne dabei glauben zu machen, er spräche von seiner eigenen Sache: *„Der Zuhörer fühle immer, dass hier von einem dritten Objekt die R*ede sei.“ (ebd.) Goethe postulierte damit bereits in gewisser Weise die Beachtung der *„historischen Differenz“*[34] zwischen Text und Sprecher, wie sie später von Hellmut Geißner beschrieben wurde. Besonders interessant ist für weitere Überlegungen in Bezug auf die Veränderung stilistischer Ansätze des 20. und 21. Jahrhunderts die Forderung Goethes, der Rezitator solle sich verhalten wie ein *„Fortepiano* [...] *auf welchem ich in seinem natürlichen, durch die Bauart erhaltenen Tone spiele.“* (ebd.) Der sprachliche Ausdruck wäre damit gleichsam

> *der Übergang der Seele in die Finger, welche durch ihr Nachgeben, stärkeres und schwächeres Aufdrücken und Berühren der Tasten den Geist der Komposition in die Passage legen und dadurch die Empfindung erregen, welche durch den Inhalt hervorgebracht werden können.* (ebd.)

Der Vergleich des *„eigentümlichen Charakter*[s]“ (ebd.) oder *„Naturells“* (ebd.) des Rezitators mit einem Instrument *„auf welchem ich* [...] *spiele“* (ebd.), legt die Vermutung nahe, dass Goethe, wenn er von der *„Individualität“* (ebd.) des Sprechers spricht, vor allem das physische Instrument meint und weniger eine kommentierende oder eigenständig interpretierende Haltung. Er unterscheidet zwischen dem Ich des Sprechers, das *„den Geist der Komposition“* (ebd.) erfasst, und dem Instrument mit seinen sprecherischen und stimmlichen Eigenarten, die in der Rezitation nicht verleugnet werden müssen. Es geht somit zunächst um einen geringeren Grad der Verstellung, der es erlaubt, das leibliche Instrument weniger stark zu verändern als beim Übernehmen einer Figur. Bezüglich der interpretatorischen Freiheit macht

---

32 Ebd.
33 Zahlen in runden Klammern bezeichnen hier Seitenzahlen in: Goethe, Johann Wolfgang von 1988
34 Geißner 1981, S. 178

Goethe nur insoweit Zugeständnisse, als diese den *„wahren Sinn“* (733) nicht *„verletzen“* (ebd.) dürfe.

Die Deklamation bezeichnet Goethe als *„gesteigerte Rezitation“* (730). Der Deklamator geht ganz in der Rolle auf und versetzt sich in *„Lage und Stimmung“* (ebd.) der Figur. Das Spiel auf der Bühne solle den *„lebendigsten Ausdruck“* (ebd.) bekommen und den Schein erwecken, als würde der Spieler die Situation unmittelbar erleben. Goethes Idee, das deklamatorische Sprechen mit *„prosaischer Tonkunst“* (ebd.) gleichzusetzen, die viele Parallelen zur Musik aufweise, wird uns bei der Betrachtung von Steiners Haltung zur Deklamation wieder begegnen.

Das Aufrechterhalten der Illusion auf der Bühne war Goethe besonders wichtig. So war es ihm unerträglich, wenn Spieler auf der Bühne persönliche Handlungen vollführten. (vgl.704) Auch persönliche Körperhaltungen oder Gesten sollten vermieden werden. Aus der Erkenntnis, dass persönlicher Habitus und gewohnheitsmäßige Gesten sehr hartnäckig sind und nur durch hohe Konzentration vermieden werden könnten, riet Goethe den Schauspielern, ihre Körperhaltung und ihre Gesten auch im alltäglichen Leben zu verfeinern. (vgl. 712) Goethes Vorstellungen vom Umgang mit dem Publikum prägten das klassische Theater bis ins 20.Jahrhundert. Er betonte die Ganzheit der Situation von Bühne und Zuschauerraum, zog jedoch eine klare Grenze zwischen Bühnenraum und dem Proszenium, das vom Schauspieler nicht betreten werden durfte, um die Illusion nicht zu zerstören. Er wies die Spieler an, stets zum Publikum hin ausgerichtet zu sein, am besten nach vorne gewendet oder *„dreiviertel“* (735) und immer im Bewusstsein zu behalten, dass sie *„um des Publikums willen“* (ebd.) auf der Bühne stünden. Alles andere wäre *„mißverstandene Natürlichkeit“* (ebd.). In § 36 (ebd.) weist er darauf hin, dass Körperbeherrschung für den Schauspieler unumgänglich sei, damit seine Darstellung auf der Bühne nicht nur natürlich, sondern auch harmonisch, frei und schön anzuschauen sei. Alle weiteren Überlegungen Goethes zum körperlichen Verhalten auf der Bühne wirken auf den ersten Blick sehr äußerlich, fast technisch. Goethe selbst bezeichnet die Anweisungen als *„technisch grammatische Vorschriften“* (745). Zu berücksichtigen ist allerdings die Tatsache, dass Goethe von einem unausgebildeten, wahrscheinlich eher *„mittelmäßigen Ensemble“*[35] umgeben war, von Schauspielern also, die ihr Handwerk bisher nur durch Nachahmung älterer Kollegen oder gar nicht hatten lernen können. Seine Regeln legen die Vermutung nahe, dass die Spieler auf der

[35] Kotte 2013, S. 355

Bühne entweder zu alltäglich und unbefangen, oder aber zu gekünstelt und unnatürlich agierten. Es mussten also Anhaltspunkte gegeben werden, wie sie sich auf der Bühne zu verhalten hatten. Wenn Goethe etwa schreibt, dass der Schauspieler seine Gesten nicht vor dem Ende der Rede in Ruhestellung bringen solle, (vgl. 737) so fordert er nichts anderes, als eine natürliche sprechbegleitende Bewegung, die an die Rede angeschlossen ist. Darüber hinaus musste diese begleitende Bewegung allerdings immer auch schön und erhaben sein und sich damit vom Alltäglichen abheben. Dass es ihm dabei nicht um äußerliche Posen, sondern eher um ein bewusstes und sinnvolles Einsetzen von Bewegung, Mimik und Gestik ging erkennt man in den Anweisungen zum Gebärdenspiel:

> *Man stelle sich vor einen Spiegel und spreche dasjenige was man zu deklamieren hat nur leise, oder vielmehr gar nicht, sondern ‚denke' sich nur die Worte. Dadurch wird gewonnen, dass man von der Deklamation nicht hingerissen wird, sondern jede falsche Bewegung, welche das Gedachte oder leise Gesagte nicht ausdrückt, leicht bemerken, so wie auch die schönen und richtigen Gebärden auswählen und dem ganzen Gebärdenspiel eine analoge Bewegung mit dem Sinne der Wörter* [...] *aufdrücken kann.* (740)

Voraussetzung dafür, dass dieses Einfühlen auch funktioniere sei allerdings, dass der Spieler sich mit Stoff und Figur intensiv beschäftigt habe. (ebd.)

In § 65 (ebd.) gibt es einen interessanten methodischen Hinweis für das Rollenstudium. Goethe empfiehlt dem Anfänger, eine Passage pantomimisch durchzugebärden und im stummen Spiel einem Gegenüber verständlich zu machen. Diese Methode lässt sich sowohl bei Steiner als auch bei Ritter in modifizierter Form wieder finden.

In ihrer Darstellung zur Bedeutung Goethes als Sprecher und Sprecherzieher beschreibt Weithase eindrücklich, wie sehr er das Phänomen Sprache vor allem als gesprochene Sprache verstand, erlebte und beurteilte.[36] So sieht sie in den Äußerungen Goethes zu Rhythmus und Metrik der Dichtung, aber auch zu den Dichtungsgattungen und der von ihm beschrieben Art des jeweiligen Vortragsstils kein Beharren auf die Einhaltung äußerer Formen. Vielmehr sei es die unauflösliche Verbindung der Form mit dem geistigen Inhalt der Dichtung, die eine Einhaltung der

[36] Vgl. Weithase 1949, S. 100

Form quasi notwendig mache, damit dieser geistige Inhalt zur Geltung kommen könne:

> *Die Einstellung Goethes zu dem Verhältnis des rhythmischen Vortrags zu Inhalt und Form einer Dichtung ist so verständnisvoll und ganz und gar nicht äußerlich-schematisch, dass man aus ihr erkennt, Goethe kann sich nicht mit einem hohl-pathetischen und skandierenden Versvortrag begnügt haben. Wer ihn so verstanden zu haben meint, muß ihn mißverstanden haben;* [...] *Das gleiche gilt von seinen* [...] *weiteren Darlegungen zum Versvortrag.*[37]

Der Weimarer Stil, mit dem Goethe *„Schauspieler mittlerer Begabung“*[38] dazu heranbildete *„literarisch anspruchsvolle Dramen, vor allem die Goethes und Schillers, nach den Intentionen der Autoren aufzuführen“*[39], führte zu einer Dominanz der literarischen Vorlage gegenüber dem freien, improvisierten Spiel. Es wurde damit auch die Grundlage dafür gelegt, dass sich die Rezitations- und Deklamationskunst entwickeln konnte, indem sie sich, unabhängig vom Theaterleben, allein auf der Grundlage dichterischer Textvorlagen, entfaltete.

> *Der Versuch einer Vereinheitlichung der Aussprache ging Hand in Hand mit der Literarisierung der Sprechkünste.* [...] *Schauspielkunst und Deklamation wurden nun der Autorität des dichterischen Wortes unterworfen* [...] *Goethe zielte auf eine kunstgerechte Interpretation dichterischer Texte durch den mündlichen Vortrag, auf Sprechkunst als Interpretation.*[40]

Im Zusammenhang mit dem Aufblühen der Sprechkunstbewegung in Deutschland sind auch die Schriften Friedrich Schillers, Heinrich von Kleists und vor allem Wilhelm von Humboldts zu erwähnen. Während Schiller in seinen Briefen *Über die ästhetische Erziehung des Menschen* der Kunst insgesamt einen hohen gesellschaftlichen und kulturpolitischen Wert einräumte, und das ideale Menschsein von der Ästhetik her definierte, finden wir bei Kleist die Mündlichkeit in ihrem sinnstiftenden und kommunikativen Wert dargestellt und gewürdigt. Kleists Aufsatz *Über die allmähliche Verfertigung der Gedanken beim Reden*[41] erscheint wie eine Vorwegnahme des später von Erich Drach beschriebenen Sprechdenk-Prozesses. In den 1820er Jahren gelang die Entzifferung der ägyptischen Hieroglyphen, wodurch die

[37] Ebd., S. 95
[38] Kotte 2013, S. 357
[39] Ebd.
[40] Meyer-Kalkus 2001, S. 229–230
[41] Kleist 1966

Sprachwissenschaft großen Auftrieb bekam.[42] Stellvertretend für das *„erstaunliche*[n] *Werk der Sprachforschung im 19. Jahrhundert“*[43], seien die Forschungen Wilhelm von Humboldts (1767-1835) genannt. Dessen, zahlreiche Schriften, Briefe und Vorträge umfassendes, Werk zur menschlichen Sprache, bildete die Voraussetzungen, auf denen Edmund Husserl (1859-1938) und Ferdinand de Saussure (1857-1913) aufsetzen konnten.[44] Humboldts Sprachverständnis, welches Sprache und Menschsein als sich gegenseitig bedingende Größen definiert, und seine Erkenntnis, dass die Sprache kein fertiges Werk ist, sondern durch Kraft und Tätigkeit immer neu erschaffen wird, also lebendig und veränderlich ist,[45] hat auch heute noch Gültigkeit.

2.3.2 Der Übergang ins 20.Jahrhundert

Mit der Vereinheitlichung der deutschen Aussprache durch Theodor Siebs Werk *Deutsche Bühnenaussprache,* das 1898 erschienen war, und mit dem Beginn der Phonetik, vollzog sich eine allmähliche Lösung der Sprechkunst von der Theatersprache. Sprechkunde und Sprecherziehung wurden zu einer selbständigen Disziplin, die auch für andere Bereiche, wie zum Beispiel die Pädagogik, wichtig wurde.[46] Ab 1900 entstanden erste akademische Bildungs- und Forschungszusammenhänge, an denen *„Vortragskunst, Stimmbildung, Redekunst usw. auf wissenschaftlicher Grundlage“*[47] gelehrt wurden.

Das Sprachverständnis begann sich um die Jahrhundertwende zu verändern. Dabei sind durchaus gegensätzliche Tendenzen zu beobachten. Der Psychologe Wilhelm Wundt (1832-1920) legte mit seiner Lehre zu den Ausdrucksbewegungen, in der er die unauflösliche Verbindung des sprachlichen Ausdrucks mit dem menschlichen Körper konstatierte, und mit seinen Ausführungen zu Gebärdensprache und Sprachlauten, Verständnisgrundlagen für weitergehende Forschungen wie z.B. der Schallanalyse.[48] Dabei waren Wundts Darlegungen zur Sprache innerhalb der *Völkerpsychologie*[49] durchaus noch im Humboldt'schen Sinne und unterstellten der Sprache die Fähigkeit, Ausdruck des Geistes zu sein. Dem gegenüber stand Felix

[42] Vgl. Konrad 2010, S. 89
[43] Bühler 1999, S. 1
[44] Vgl. Bühler 1999, S. 7
[45] Vgl. Humboldt 1836,
[46] Vgl. Pabst-Weinschenk 2011b, S. 257
[47] Ebd., S. 255f
[48] Meyer-Kalkus 2001, S. 100f
[49] Wundt 2006

Mauthners 1902 veröffentlichtes sprachphilosophisches Werk *Kritik der Sprache*[50], das die Veränderlichkeit und Verschiedenheit des *„Abstractums, die Sprache"*[51] als Beweis anführte für ihre Unfähigkeit, Wahrheit oder Wirklichkeit hervorzubringen. Man darf vermuten, dass Mauthners Auffassung dazu beitrug, dem Wort allgemein weniger Gewicht zuzugestehen, als zu Zeiten Goethes oder Humboldts.

Ferdinand de Saussure formulierte im 1916 posthum veröffentlichten *Cours de linguistique générale*[52] das Prinzip der Arbitrarität des lautlichen Zeichens, wodurch letztlich der onomatopoetische Charakter des Lautes zum Sonderfall der Poetik wurde. Das Prinzip der Arbitrarität, das annahm, der lautliche Klang der Sprache habe nichts mit dem inhaltlichen Sinn einer Äußerung zu tun, sollte sich nach 1945 zur *„dominierenden Idee der Sprachwissenschaft"*[53] entwickeln.

Auch wenn ab 1922, mit der Loslösung der Sprechkunst vom Schauspiel und der allmählichen Begründung der Sprechkunde, eine eigene fachgeschichtliche Entwicklung der Sprechkunst als Teilgebiet von Sprechkunde und Sprechwissenschaft begann, seien an dieser Stelle zusätzlich die wichtigsten Entwicklungen des Theaters betrachtet. Sowohl für die Sprachgestaltung als auch für das Gestische Sprechen nach Ritter gilt, dass die strenge Trennung von Dichtungssprechen und Theatersprache nicht vollzogen wurde. Beide Konzepte wurden angeregt durch eine intensive Auseinandersetzung mit dem Theater und dessen Entwicklungen und Strömungen. Zu bedenken ist auch, dass ästhetische Konzepte immer auf der Grundlage von oder in Abgrenzung zu zeitbezogenen Sichtweisen entstehen. In den Entwicklungen der Theatergeschichte erhalten wir Aufschluss darüber, welche Sichtweisen in Bezug auf Sprache, Literaturvorlage und Publikum jeweils vorherrschten.

In den letzten Jahrzehnten des 19. Jahrhunderts waren auf dem Theater Klassizismus und Historismus durch Naturalismus und Realismus abgelöst worden.[54] Dies bedeutete nicht nur eine Veränderung des Sujets, indem sich der Blick auf das Alltagsleben richtete. Es bedeutete auch eine andere Gewichtung bezüglich der ästhetischen Mittel. Der Suche nach dem ‚wahren Leben' fiel die Dominanz der Form und des literarischen Stils zum Opfer. Auch wenn noch textgenau gespielt wurde, standen die Sprache selbst und das dichterische Werk nicht mehr im Mittelpunkt, son-

[50] Mauthner 1982
[51] Ebd., S. 5
[52] Wunderli 2013
[53] Meyer-Kalkus 2001, S. 194
[54] Vgl. Simhandl 2014, S. 190f

dern die realitätsnahe schauspielerische Darstellung. Der Zuschauer sollte sich selbst und seine Lebensrealität im Theater wiederfinden können.

Der russische Schauspieler und Regisseur Konstantin Stanislawski (1863-1938) war einer der wichtigsten Theaterreformer des beginnenden 20. Jahrhunderts. Er war derjenige, der bis ins 21.Jahrhundert hinein die methodische Arbeit in der Schauspielkunst entscheidend prägen sollte. In einer ersten Periode widmete er sich vor allem der naturalistischen Darstellung auf der Bühne, bei der die äußerlich sichtbare Realität detailgetreu nachgebildet werden sollte. Danach wandte er sich, nach einem kurzzeitigen Abstecher in den Symbolismus, ab etwa 1908 einem *„geistig-seelischen Naturalismus“*[55] zu. Um Glaubwürdigkeit und echtes Einfühlen der Zuschauer zu erreichen, mussten die Schauspieler selbst in ihrem Erleben echt und glaubwürdig werden. Dies wurde erreicht durch Psychotechniken verschiedenster Art. Dazu gehörten Methoden, die heute noch geläufig sind wie die der *„Vorgeschlagenen Situationen“*[56] oder dem Ausnutzen des *„emotionalen Gedächtnisses“*[57] der Spieler, um Phantasietätigkeit und intuitiven Ausdruck auf der Bühne anzuregen. Auch das Arbeiten mit einer *„durchgehenden Handlung“*[58] und dem *„Untertext“*[59] sind Methoden, die heute noch zum Repertoire der Schauspieltechniken zählen. Hier lassen sich erste Anklänge an das von Brecht später formulierte gestische Prinzip finden. Der Untertext und die durchgehende Handlung generieren das ‚Wie', das sowohl Sprache als auch Handlung, also das ‚Was', beeinflussen und prägen. Das ‚Wie' wäre dann das innere Leben oder das innere Handeln der Figur. Dieses innere Handeln wird durch das ‚Wie' der äußeren Handlung, also dem Gestus, für den Zuschauer sichtbar und erlebbar.

Als methodischen Weg zur Einfühlung und Verkörperung in eine Rolle führt Stanislawski intensive Bewegungsschulung mit Gymnastik, Tanz und Akrobatik ein.[60] Der Körper als Instrument für die Verkörperung sollte beweglich und für seelische Empfindungen durchlässig gemacht werden. Im Sinne des Naturalismus oder Realismus ging Stanislawskis Bestreben dahin, dass der Schauspieler sich mit der zu verkörpernden Rolle weitgehend identifizieren solle.

---

[55] Ebd., S. 206
[56] Stanislawski 1988a, S. 43
[57] Ebd., S. 191
[58] Stanislawski 1988b, S. 62
[59] Ebd.
[60] Ebd., S. 14

In seiner letzten Schaffensphase formulierte Stanislawski das *‚Körperleben der Rolle‘* und seine Rückwirkung auf das Erleben des Schauspielers als neuen methodischen Ansatz.[61]
Auch wenn die Sprachgestaltung, die seit etwa 1902 von Rudolf Steiner (1861-1925) und Marie Steiner (1867-1948) entwickelt wurde und über Vorträge und Kurse Verbreitung fand, in ihrer direkten reformierenden Wirkung auf Theater und Sprechkunst weit weniger durchschlagend war als Stanislawskis Methode, muss sie doch in dem hier beschriebenen historischen Kontext Erwähnung finden. Eine genauere Beschreibung des ästhetischen Konzeptes Steiners folgt in Kapitel 3.2. Die offizielle Begründung der Sprachgestaltung und einer neuartigen Schauspielmethode durch Rudolf und Marie Steiner fällt in das Jahr 1924 und begann mit einer Art Kongress im Zentrum der Anthroposophie in Dornach/Schweiz.[62] Vor etwa 600 Zuhörern, darunter viele Schauspieler und mehrere freie Schauspielensembles, entwickelte Steiner über drei Wochen hinweg seine Ideen zu Sprachgestaltung, Regie und Schauspiel.[63] Im Anschluss an diesen Kongress gründeten sich ein Schauspielerensemble und eine Ausbildung mit *„intensiver Sprachgestaltungsschulung“*[64] unter der Leitung von Marie Steiner, in die zunächst vor allem Schauspieler aufgenommen wurden. Das Ensemble, das mit Sprechchorprogrammen und Theateraufführungen europaweit auf Tournee ging, spielte über Jahre hinweg in vollen Theatern und erzielte große Erfolge. Als einer der Höhepunkte ist das Gastspiel im Théâtre des Champs-Elysées während der Pariser Weltausstellung 1937 zu nennen.[65] Durch die sich verändernden politischen Verhältnissen und den Ausbruch des Zweiten Weltkriegs fand die Tourneetätigkeit ein Ende. Die Ausbildungs- und Aufführungstätigkeit wurde auf die Schweiz beschränkt. Steiners Konzept und die Methoden des ‚Dramatischen Kurses‘ fanden jedoch weiterhin bei vielen freien Schauspielgruppen großen Anklang und verbreiteten sich auch nach Großbritannien und Frankreich. Einer derjenigen, die diese Entwicklung mit großem Interesse verfolgten, war der russische Schauspieler und Regisseur Michael Tschechow[66].
Der Meisterschüler Stanislawskis, Michael Tschechow (1891-1955), ging 1928 ins Exil und spielte zeitweise unter Max Reinhardt am Deutschen Theater in Berlin.

[61] Vgl. Simhandl 2014, S. 208
[62] Vgl. Wiesberger 1988, S. 341f
[63] Vgl. Lindenberg 1997, S. 935f
[64] Wiesberger 1988, S. 344
[65] Vgl. Froböse 1973, S. 216
[66] Schreibweise innerhalb der Literatur uneinheitlich (Tschechow = Čechov)

Tschechow beschäftigte sich intensiv mit den Schriften zur Sprachgestaltung und zur Eurythmie. (vgl.127)[67] Er integrierte die Ideen Steiners in sein eigenes Konzept, das auf den Grundlagen der Stanislawski-Methode entstand, sich aber zu einem ganz eigenen Ansatz entwickeln konnte.

Seine Methode basiert auf der Erkenntnis, dass das Erleben des Schauspielers unmittelbar an körperliche Verrichtungen oder Bewegungen angeschlossen ist und damit auch über die körperliche Verrichtung oder Bewegung hervorgerufen werden kann. Die Tschechow-Methode findet, obwohl schon Mitte des 20. Jahrhunderts entwickelt, erst seit etwa 25 Jahren in den Schauspielausbildungen Europas zunehmende Beachtung. Sie soll an dieser Stelle etwas eingehender beschrieben werden, da sie als eine Art Bindeglied zwischen dem sprechkünstlerischen Ansatz Rudolf Steiners und dem von Hans Martin Ritter angesehen werden kann, der sich in mehreren Publikationen auf Tschechow beruft.

Während Stanislawski bis zuletzt vom persönlich-subjektiven Erleben des Schauspielers ausging, der Spieler bei seiner Rollengestaltung also immer aus seinem persönlichen Ausdrucksvorrat heraus gestaltete, ging Tschechow von der Figur eines Stückes als einer objektiven *„Kunstexistenz"* (231) aus. Der methodische Weg ging vom Einleben oder Einfühlen in die imaginierte Figur zur Verkörperung. In Anlehnung an Steiner[68] beschreibt Tschechow dazu mehrere Instanzen, die sich im Darsteller vereinigen. Mit seinen seelischen Regungen, seinem Körper, der Stimme und der Fähigkeit zur Bewegung ist der Schauspieler sich selbst Material. (vgl.121f) Dieses Material wird von schöpferischen Impulsen ergriffen, die von einem aktiven *„höheren Ich"* (122) ausgehen. Dieses höhere Ich steht als handelnde Instanz wie *„außerhalb des Materials"* (ebd.). Die zweite Instanz ist das Alltags-Ich, der gesunde Menschenverstand, der dafür sorgt, dass die künstlerische Inspiration den Spieler nicht zu Handlungen verleitet, die das verabredete Gefüge der Inszenierung stören. Die dritte Instanz wäre nach Tschechow das neu geschaffene *„Bewusstsein"* (124) der Figur. Dieses Bewusstsein, das Innenleben der Figur, ist gebildet aus dem Material der seelischen Regungen des Darstellers. Diese seelischen Regungen sollen jedoch nicht, wie bei Stanislawski, aus den persönlichen Gefühlen und der unmittelbaren Erinnerung gewonnen werden. Vielmehr geht Tschechow davon aus, dass jeder Mensch ein Repertoire an unpersönlichen *„vergessenen Gefühlen„* (ebd.) be-

[67] Zahlen in runden Klammern bezeichnen hier Seitenzahlen in: Čechov 1990
[68] Vgl. Steiner 2014, S. 66

sitzt, die es zu umschmeicheln gilt. Als Mittel dazu werden einerseits körperliche Bewegungen und Gesten eingesetzt, die einen inneren Zustand ausdrücken sollen, Tschechow nennt sie *„psychologische Gebärde"* (45), andererseits imaginative Bilder. Um das Gefühl von Ehrfurcht zu erzeugen, bewegen sich die Spieler z.B. in den imaginären Raum einer Kathedrale. Diese Art von Gefühlen sei, so Tschechow, in der Lage, der Figur eine ästhetische, überindividuelle Erlebensqualität zu verleihen. Die Haltung des Spielers sei somit weniger ein aktuelles persönliches Fühlen, sondern eher ein *„Mit-Fühlen"* (124) mit der selbst erschaffenen Figur. (ebd.) Viele seine Gedanken und Methoden gewann Michael Tschechow durch die Beschäftigung mit der Anthroposophie Rudolf Steiners.[69] In seiner 1941 in New York gegründeten Schauspielschule integrierte Tschechow viele Elemente der von Rudolf und Marie Steiner gegründeten Schauspiel- und Rezitationsausbildung. Dazu gehörten das Pentathlon, die Sprachgestaltung und die Eurythmie.[70]

Antonin Artaud (1896-1948) forderte in seinem 1938 erschienenen Buch *Das Theater und sein Double,* die Unterordnung des Theaters und der Inszenierung unter das literarische Werk aufzubrechen. Er hegte eine tiefe Abneigung gegen das gesprochene Wort, das seiner Meinung nach leichtfertig als Ersatz für echten Ausdruck eingesetzt würde. So setzte er dem Sprechtheater ein elementares Körpertheater entgegen, in welchem der Körperausdruck und eine Art Natursprache dem *„Wort das verknöchert ist"* (127)[71] und in seiner *„Bedeutung* [...] *eingefroren und eingeengt"* (ebd.), seine ursprüngliche *„magische Wirksamkeit"*(119) zurückerhalten sollte. Interessant an Artauds Ansatz sind, abgesehen von der Körperbezogenheit, die uns für die Sprechkunst erst in den 60iger Jahren wieder begegnen wird, seine Überlegungen zum Ursprung des sprachlichen Ausdrucks beim Menschen. Seine Natursprache solle *„an einem noch verborgeneren und weiter zurückliegenden Punkt des Denkens erfasst"*(118) werden. Das Material, und ihr Anfang und Ende, sei die Gebärde. Diese setze eher bei der *„Notwendigkeit des Wortes"* (ebd.) als beim *„bereits gebildeten Wort"* (ebd.) an. Artaud bezeichnete damit als eigentlichen Beginn des menschlichen Ausdrucks eine innere Bewegung oder Gebärde, die sich dann in körperlichen Zeichen oder in Worten äußern könne.

Für Bertolt Brecht (1898-1956) trat an die Stelle des Wortes und der verbalen Übermittlung von Wahrheit, das Sichtbarmachen der Wahrheit über den Gestus.

---

[69] Vgl. Čechov und Du Hurst Prey 2013, S. 16
[70] Ebd., S. 19
[71] Zahlen in runden Klammern bezeichnen hier Seitenzahlen in: Artaud 1979

Brechts Gestusbegriff ist dabei nicht zu verwechseln mit den Gesten beim Gestikulieren.[72] Eine Beziehung besteht nur insofern, als die äußerlich wahrnehmbaren Gesten einer Person einen inneren Gestus ausdrücken können. In einer Untersuchung zur Genese des Gestusbegriffes bei Brecht weist Martina Haase auf die Möglichkeit hin, dass Brecht den Begriff des Gestus zuerst bei Lessing und Schiller gefunden haben könnte.[73]

Brecht selbst interessierte sich in erster Linie für den gesellschaftlichen Gestus eines Stückes, einer Szene oder einer Gruppe von Menschen. Ob ein Gestus gesellschaftliche Aussagekraft habe, hinge vom situativen Kontext ab:

> *Versuche, auf einer glatten Ebene nicht auszurutschen, ergeben erst dann einen gesellschaftlichen Gestus, wenn jemand durch das Ausrutschen ‚sein Gesicht verlöre', d.h. eine Geltungseinbuße erlitte.*[74]

Er beschäftigte sich vor allem deshalb damit, um ihn auf seinem Theater zeigen zu können. Dabei ging es aber nicht um das Zeigen an sich, genauso wenig wie es ihm darum ging, dass der Zuschauer im Theater etwas erlebt.[75] Das Zeigen hatte für Brecht nur den Sinn, die Menschen auf gesellschaftliche Zustände aufmerksam zu machen, die sonst als unabänderlich hingenommen würden. Die Distanzierung und Verfremdung sei der Versuch, den Zuständen den Duktus der Unabänderlichkeit zu nehmen.[76]

Der gestische Gehalt eines Stückes ist für Brecht das, was an sozialem Verhalten in einem Theaterstück aufzufinden ist. Dieser gestische Gehalt solle *„herausgeholt, verstärkt, verdichtet"*[77] und natürlich gezeigt werden. Für Brecht ist der Gestus ein allgemeines Gestaltungsprinzip. Er drückt sich nicht nur in der Haltung von Menschen zueinander aus, sondern in allem, worauf oder worin der Mensch seine *„Spuren des gesellschaftlichen Gebrauchs"*[78] hinterlässt. Dies kann in der Sprache ebenso der Fall sein wie in Architektur, Musik oder einem Gebrauchsgegenstand. Ja sogar prozessuale Abläufe zwischen Menschen beinhalten einen gesellschaftlichen Gestus. Entscheidend ist, dass Bertolt Brecht das Gestische immer da (und nur da) sah, wo sich Beziehungen zwischen Menschen ausdrückten. Der zu zei-

---

[72]Vgl. Haase et al. 1997, S. 72
[73] Vgl. Ebd., S. 68
[74] Brecht 1993a, S. 330
[75] Vgl. Brecht 1992, S. 232
[76] Ebd.
[77] Haase et al. 1997, S. 68
[78] Ritter 1986, S. 7

gende Gestus eines Stückes war die Grundlage und das Gestaltungsprinzip der Inszenierung insgesamt. Bezogen auf den Schauspieler bezeichnete Brecht den *„Bereich der Haltungen, welche die Figuren zueinander einnehmen“* als den *„gestischen Bereich“*(89)[79]. Diese Haltungen offenbarten sich dem Zuschauer in Körperhaltung, Tonfall und Gesichtsausdruck.

Ausgangspunkt allen darstellerischen Handelns bildete allerdings der *„allgemeine(n) Gestus des Zeigens, der immer den besonderen gezeigten begleitet“* (95). Neu war daran, dass die Schauspieler die Figuren nicht mehr so darstellten, dass die Zuschauer in die Illusion hätten einsteigen können. Die Schauspieler sollten sich zwar zunächst in die zu spielende Figur einfühlen, doch nur, um über diese Einfühlung ein Verständnis für die Figur zu gewinnen. Die Einfühlung war für Brecht nur *„eine unter mehreren Methoden der Beobachtung“* (86). In der Darstellung auf der Bühne *„demonstriert“*[80] der Spieler die Figur, die Situation, die Handlung und bietet sie den Zuschauern zur Bewertung an. Dies bedeutete für Brecht zum einen eine Distanzierung zur gespielten Situation, indem der Spieler durch seine Spielweise der Figur das Wissen um das Ende schon mitgibt, zum anderen eine Distanzierung von der Figur selbst und ihrer Handlung. (Vgl. 85)

Diese Distanzierung, bei der der Schauspieler *„in zweifacher Gestalt“* (83) auf der Bühne steht, war für Brecht die *„epische Spielweise“* (ebd.). Ein weiterer vom Schauspieler eingenommener Gestus sollte nun die Komplexität und Widersprüchlichkeit des menschlichen Handelns nicht nur aufzeigen, sondern zusätzlich in den Kontext einer politischen Haltung stellen. (Vgl. 86f)

Zusammengefasst ergibt sich folgendes Bild:

Für Brecht existieren auf der Bühne gleichzeitig zwei Identitäten, nämlich der Spieler und die Figur. Jede dieser Identitäten weist eine Schichtung unterschiedlichster Gesten oder Haltungen auf, die es zu zeigen gilt.

Ein herausragendes Merkmal der Brecht'schen Methode ist die *„Wachheit“* (97), mit der der Spieler sein eigenes Spiel beobachtet und begleitet. Eine Einfühlung in die Figur und ein empathisches Miterleben der Spielsituation war bei Brecht weder für den Spieler selbst noch für das Publikum anzustreben. Die Zuschauer sollten mehr in einem denkenden als in einem fühlenden Mitvollzug des Dargestellten gehalten werden. Nur so bliebe die eigene Urteilsfähigkeit erhalten. Über all dem hatte die

[79] Zahlen in runden Klammern bezeichnen hier Seitenzahlen in: Brecht 1993b
[80] Brecht 1993a, S. 371

politische Haltung des Autors und Regisseurs zu liegen. Eine Geschichte wurde gezeigt, um dem Publikum die Notwendigkeit sozialer Veränderung begreiflich zu machen.

Was bedeutete dies nun für das Sprechen? Das Sprechen auf der Bühne war für Brecht eine von vielen Möglichkeiten, das gesellschaftliche Verhalten zwischen Menschen zu zeigen. So könne der Gestus auch dann in Erscheinung treten, wenn dem Sprecher nur die Sprache zur Verfügung stehe (z.B. im Radio). Mimik und Gestik sind dann *„in diese Worte eingegangen“* (617)[81]. Die Sprache hatte insofern keine andere Aufgabe, als *„ganz dem Gestus der sprechenden Person* [zu] *folgen“* (359). Dies bedeutete aber nicht, dass sie naturalistisch oder alltäglich werden sollte. Im Gegenteil bot die Sprache weitere Möglichkeiten, unreflektiertes Einfühlen zu verhindern. Dichter und Schauspieler könnten

> *durch gehobene Sprache einen Abstand zum gewöhnlichen Wort* [...] *schaffen. Der Vers macht die Wörter unbekannt. Der Schauspieler darf Verse also niemals wie gewöhnliche Prosa sprechen.* (617)

In seinem *Buch der Wendungen* findet man, vermittelt durch den Weisen Me-Ti, eine aufschlussreiche Erläuterung dessen, was Brecht unter dem gestischen Sprechen verstand. Die Sprache sei vor allem *„ein Werkzeug des Handelns“*[82], durch sie ließe der Mensch seine Haltungen ebenso durchscheinen wie durch alles andere, was er tut. Es klingt in den Worten des Me-Ti an, dass sich das Gestische eines Textes durch *„körperliche Bewegungen“*[83] am besten erschließen ließe. Dabei solle die gestische Sprache natürlich klingen, zugleich solle sie aber stilisiert und nicht banal sein.

Trotz der angestrebten Wachheit des Publikums betonte Brecht an verschiedenen Stellen seiner Schriften, dass die Zuschauer im Theater durchaus sinnliche Erlebnisse haben und sich vergnügen sollten. Dieses Vergnügen solle aber keinen suggestiven Charakter haben, wie er dem Illusionstheater zugrunde liege. (202)

Besonders interessant für eine Übertragung des gestischen Sprechens auf das Dichtungssprechen sind Brechts Gedanken zur Wirkung von Rhythmen und Metren. In seinem *„Nachtrag zu ‚Über reimlose Lyrik mit unregelmässigen Rhythmen‘“*(364) beschreibt er die von ihm wahrgenommene *„einlullende, einschläfernde Wirkung“* (ebd.) sehr regelmäßiger Rhythmen. Unregelmäßige Rhythmen nahm er als weni-

---

[81] Zahlen in runden Klammern bezeichnen hier Seitenzahlen in: Brecht 1993a
[82] Brecht 1995, S. 78
[83] Ebd.

ger einschläfernd und zudem als wesentlich gestenreicher wahr. (361) Da er sowohl für die lyrische als auch für die dramatische Dichtung die Wachheit des Zuhörers anstrebte und sich um eine gestenreiche dichterische Sprache bemühte, wählte er unregelmäßige Rhythmen. Seine Sätze und Verse baute er dennoch nicht formlos, sondern im Sinne einer *„produktiven Weiterentwicklung der Formen"* (363). Ähnlich wie Stanislawskis Realismus, hatte die Brecht'sche Spielweise des epischen Theaters auf die weiteren Entwicklungen innerhalb des Theaters bahnbrechende Wirkung.

Für die Dichtkunst und die Rezitation war der Schritt, weg vom Primat der literarischen Vorlage und hin zum Inhalt, nicht ohne weiteres möglich. Dichtung, ob in gebundener oder ungebundener Sprache, lebt immer von der Form, sonst machte sie sich selbst überflüssig. Insofern blieb das dichterische Kunstwerk mit seinen besonderen Formmerkmalen und der poetischen Sprache die Grundlage für die Erarbeitung der Sprechfassung. In Bezug auf die Arbitrarität des lautlichen Zeichens schreibt Meyer-Kalkus:

> *Diese Annahmen gehörten allerdings nicht zum Selbstverständnis der meisten literarischen Strömungen zu Beginn des 20. Jahrhunderts. Eines von deren zentralen Konzepten war vielmehr die Aufeinanderbezogenheit von Form und Bedeutung, von Wortlaut und Sinn.*[84]

Meyer-Kalkus spricht für die Zeit von 1890 bis 1930 von einer *„Blütezeit vokaler Experimente"*[85]. Dabei wurden, im Gegensatz zur Sprechkunstbewegung 100 Jahre zuvor, stets *„Konzeptionen einer Physiognomik der Stimme"*[86] zugrunde gelegt. In diese Zeit fällt das künstlerische und lehrende Wirken Emil Milans (1859-1917), einem Lehrer Erich Drachs (1885-1935) und dessen direkter Vorläufer an der Berliner Universität.[87] Milans Sprechweise zeichnete sich aus durch *„nüchterne Textbezogenheit"*[88] und den *„Verzicht auf Tongewalt und starke dynamisch-melodische Akzentuierung"*[89], was laut Pabst-Weinschenk wohl zum Teil seiner eher als schwach zu bezeichnenden Stimme geschuldet war. Andererseits unterschied sich Milan von den vielen Rezitatoren seiner Zeit dadurch, dass er sich wissenschaftlich mit der

---

[84] Meyer-Kalkus 2001, S. 195
[85] Ebd. S. 251
[86] Ebd.
[87] Pabst-Weinschenk 1993, S. 23f
[88] Meyer-Kalkus 2001, S. 258
[89] Pabst-Weinschenk 1993, S. 23

Literatur beschäftigte und werkgetreues Sprechen anstrebte.[90] Weithase bezeichnet ihn als einen der ersten Repräsentanten wissenschaftlich fundierter Vortragskunst, der ihrer Ansicht nach *„die Brücke zur Gegenwart bildet“*[91]. Milan stand somit an einer Stelle innerhalb der Geschichte der Sprechkunst, wo sich diese in zwei Zweige teilte, nämlich die mehr der Schauspielkunst zuneigende Vortragskunst, die *„ihre Wirkungsstätte im Kabarett, im Sprechstil der Diseusen fand“*[92], während die von *„literarisch-ästhetisch-stilkundlichen sowie psychologisch-pädagogischen“*[93] Intentionen geprägte Sprechkunst sich an den Hochschulen ansiedelte.

Die Begründung der Sprechkunde und der Sprecherziehung als wissenschaftlicher Disziplin ist das Verdienst von Erich Drach. In seinen Publikationen zur Sprecherziehung (1922) und zur Sprechkunst (1926) beschrieb er erstmals die Grundtatsachen des Sprechens auf der Grundlage sprachpsychologischer Erkenntnisse und eigener empirischer Forschung.[94] Drach vertrat ein *„ganzheitliches und kommunikatives Verständnis“*[95], das bereits die Sprechsituation und das Sprechdenken beinhaltete. Seine Vortragslehre bezeichnete er als *„angewandte Sprechkunde“* (7)[96]. Für das Dichtungssprechen bedeutete dies, dass der Sprecher sich ganz an den von ihm beschriebenen Grundtatsachen zu orientieren habe. Betonungen und Melos ergäben sich auf natürliche Weise durch die *„affektive Selbststellung“* (90) des Rhapsoden, welche ihn zum Aussprechen eines Erfahrungsinhaltes dränge. Die eigene Haltung des Sprechers ist also immer anwesend und gefordert. Dabei ging Drach davon aus, dass sowohl Schauspiel als auch Rhapsodik auf *„ein höheres überalltägliches Lebensgefühl, auf das geistige, das Göttliche im Menschen“* (87) abzielten. Keineswegs sei aber der Sprecher ein *„Diener am Wort“* (94), sondern nutze das dichterische Werk als *„Inspirationsquelle, die ihn zu eigenem Erleben, Entladen, Mitteilen anregt“* (ebd.).

Zusätzlich sei grundsätzlich eine ‚seelenlenkende‘ Wirkungsabsicht des Sprechers anwesend. (Vgl.98) Drachs Bestreben war es, die

> *Aspekte der Mündlichen Kommunikation,* [...] *zu vereinen und in ein geordnetes Lehrsystem zu bringen. Dabei berücksichtigt er sowohl die*

[90] Ebd., S. 24
[91] Weithase 1940, S. 317
[92] Ebd., S. 318
[93] Weithase 1940, S. 318
[94] Drach 1926
[95] Pabst-Weinschenk 1993, S. 259
[96] Zahlen in runden Klammern bezeichnen hier Seitenzahlen in: Drach 1926

künstlerische Vortragspraxis als auch didaktisch-methodische Ansätze und wissenschaftliche Erkenntnisse der Sprach- und Völkerpsychologie, sowie der idealistischen Sprach- und Literaturwissenschaft bis hin zur Phoniatrie /Logopädie.[97]

Interessant erscheint Drachs Versuch, die Wirkung gesprochener Dichtung auf die Zuhörer zu erforschen. (137f) Allerdings ergab die Methode des Abfragens von Bewertungen per Fragebogen erwartungsgemäß vor allem die ganz auf der Persönlichkeitsstruktur des Einzelnen beruhende Subjektivität der Rezeption. Dabei gingen Drachs Gedanken scheinbar auch in die Richtung einer gesundenden Wirkung von Sprache, wenn er feststellt:

> *An sich sind die vom Sprecher in die Luft entsandten Schallwellen* [...] *ein durchaus neutrales physikalisches Gebilde, genau so wie eine vom Apotheker gemischte Arznei ein gleichgültiges chemisches Gemenge ist: ‚gut' wird die Arznei erst, wenn sie einem kranken Körper hilft* [...] *‚gut' wird die Kunstleistung erst durch das erfolgreiche Einströmen in eines anderen Menschen Seele.* (145)

Entscheidend sei hierfür vor allem *„die von ihrem Schöpfer ausstrahlende Suggestivkraft* [...]*, die den Hörer zu allen Höhen und Tiefen des Erlebens mitreißt."* (ebd.) Hätte Drach die Möglichkeit gehabt, die Wirkung anhand von Messungen zu Pulsschlag und Atmung der Zuhörer oder gar durch das Messen von Hirnströmen zu erforschen, wie die heutigen Forschungen zur ästhetischen Bildung dies versuchen,[98] so wären tatsächlich objektive Wirkungen auf den Hörer abbildbar gewesen, die über das subjektive Erleben hinaus sich in körperlichen Wirkungen manifestieren.

Nach 1945 wurde auf der Basis, die Drach gelegt hatte, die Sprechkunde zur Sprechwissenschaft weiterentwickelt. Für eine ausführliche Darstellung der Fachgeschichte von Sprecherziehung und Sprechwissenschaft sei an dieser Stelle auf den diesbezüglichen Artikel von Marita Pabst-Weinschenk verwiesen.[99] Drachs zentrale Thesen wie das Hervorheben des Dichtungssprechens als kommunikativen und produktiven Prozess, die dem Streben nach Textangemessenheit und Werkge-

[97] Pabst-Weinschenk 1993, S. 258
[98] Vgl. Rittelmeyer 2014
[99] Pabst-Weinschenk 2011b, S. 255f

rechtigkeit der Sprechfassung gegenübersteht, führte dazu, dass viele Fachvertreter bis heute sich auf ihn beziehen.[100]
Hellmut Geißner formulierte und beschrieb in den 1980er Jahren ein *„strukturales Sprechen" (180)*[101] und gab damit der Werkbezogenheit erneut Gewicht, ohne die individuelle Interpretierbarkeit in Frage zu stellen. Er forderte, die Klanggestalt des Textes im Sinne einer Partitur zu respektieren und als Sprecher nur da eindeutige Positionen einzunehmen, wo der Text diese Positionierung vorgibt. (vgl.186) Sprachliche Reproduktionen, die *„aus nichts als Einfühlung"* (ebd.) gewonnen werden, bezeichnete er als *„denaturiert"* (187). Methodisch stand für Geißner vor der sprecherischen Interpretation eines Textes dessen gründliche sprachwissenschaftliche Analyse. (179)
Schauspiel und Sprechkunst gingen seit Drach vermehrt getrennte Wege. Die in der Schauspielausbildung tätigen Sprecherzieher hatten häufig selbst keine schauspielerische Ausbildung. Innerhalb der Schauspielausbildung blieb die unmittelbare, körperbezogene Einfühlung in Text und Figur ein unverzichtbares Mittel der Textaneignung, während in der Ausbildung für Sprecherzieher die kommunikativen und strukturalen Aspekte im Vordergrund standen. Diese sehr unterschiedlichen Herangehensweisen führten zu einer gewissen Entfremdung zwischen Schauspiel und Sprecherziehung.

2.3.3 Aktuelle Ansätze

Ab ca. 1960 gab es eine Neuorientierung innerhalb der Sprecherziehung für Schauspieler, die sich auf die Sprechkunst insgesamt und ihre Methoden zur Aneignung von Texten auswirkte: Das Sprechen wurde als ein gesamtkörperliches Ereignis erkannt.[102] 1962 formulierte Eugen Aderhold, dass die Sprecherziehung die Sprechfunktion *„immer als Teil einer psychophysischen Gesamtfunktion"*[103] sehen müsse. Aus dieser Erkenntnis ergab sich für das Sprechen innerhalb der Schauspielarbeit die Notwendigkeit, sprechtechnische Phänomene, z.B. bezüglich des Atems oder der Artikulation, dem konkreten Erlebnisinhalt unterzuordnen. Aderhold entwickelte das sogenannte Körperstimmtraining, bei dem der Zusammenhang der Körpermo-

---

[100] Vgl. Lämke 2011, S. 182
[101] Zahlen in runden Klammern bezeichnen hier Seitenzahlen in: Geißner 1981
[102] Vgl. Keßler 2013, S. 222
[103] Aderhold 1993, S. 31

torik mit der Stimmmotorik eine entscheidende Rolle spielte, ebenfalls die unmittelbare Beziehung von Körperausdruck und Sprechausdruck.[104]
1976 veröffentlichten Horst Coblenzer und Franz Muhar in Wien ihre sprecherzieherischen Übungen, die ebenfalls auf Körperbewegungen basierten.[105]
Stark körperbezogen ist auch die, ebenfalls 1976 in England erstmals veröffentlichte, Linklater-Methode, bei der Entspannungstechniken und die Schulung der kinästhetischen Wahrnehmung als wichtige Grundlagen von Stimm- und Sprechbildung umgesetzt wurden.[106] Für die Arbeit in der Sprecherziehung bedeutete dies, dass der Körper als Ganzes als Instrument zu betrachten war, und zwar sowohl in physischer als auch in psychischer Hinsicht. Dieses Instrument musste zum einen durch Bewegungs- und Körperarbeit physisch beweglich und durchlässig gemacht werden, zum anderen sollte eine Wahrnehmungsfähigkeit für seelische Impulse und natürlich die Überführung dieser Impulse in den sprecherischen Ausdruck erreicht werden.
Es sei an dieser Stelle auch die Arbeit des russischen Schauspielers und Sprechpädagogen Jurij Vasiljew erwähnt, der mit seiner, ebenfalls stark körperbezogenen Methode versucht, die Trennung von Bühnensprache und Schauspiel zu überwinden.[107]
In diesem Denkzusammenhang des Sprechens als psychophysischem Ereignis, findet sich auch das Konzept des gestischen Sprechens, das 1976 von Klaus Klawitter und Herbert Minnich für die Schauspielarbeit entwickelt und formuliert wurde.[108] Es entzündete sich an der Fragestellung, inwiefern das sprecherzieherische Funktionstraining und sprechtechnische Abläufe in die schauspielerische Darstellung integriert werden könnten.[109] Jeder Äußerung geht eine Handlungsbereitschaft voraus, die sich im ganzen Körper durch muskuläre Spannungsverhältnisse zeigt. Diese Handlungsbereitschaft verändert sich je nach Situation. Die muskulär spürbare Handlungsbereitschaft ist die Sprechspannung.[110] So sollte das gestische Sprechen als ganzheitlicher Prozess verstanden werden, der mit dem ganzen Körper

[104] Ebd., S. 29f
[105] Coblenzer und Muhar 1999
[106] Linklater 2012
[107] Vgl. Vasiljev 2002
[108] Vgl. Haase 2013a, S. 214
[109] Ebd.
[110] Vgl. Klawitter und Minnich 1998, S. 271

erfühlt und realisiert werden muss. Vorstellen, Fühlen und Handeln stehen in einem engen Zusammenhang und drücken sich körperlich und sprecherisch aus.[111]
Hans Martin Ritter entwickelte unabhängig davon etwa zeitgleich[112] sein Konzept des *„körperorientierten gestischen oder situativen Sprechens“*[113].
Das gestische Sprechen ist bis heute *„eine der wesentlichen Methoden“* [114] der sprecherzieherischen Arbeit innerhalb der Sprechkunst.

2.4 Resumee

Schauspieler und Rezitatoren stehen, trotz der sehr unterschiedlichen Bedingungen in Bezug auf die Sprache, vor ähnlichen Herausforderungen. Beide müssen eine literarische Textvorlage in eine lebendige, ästhetische Sprache überführen, die das Publikum anregt und gegenüber der schriftlichen Fassung einen ‚Mehrwert' bietet. Im Laufe der letzten 200 Jahre hat sich die Auffassung darüber, wie eine künstlerisch gestaltete Sprechfassung zu sein habe, deutlich gewandelt. Diese Veränderungen betrafen sowohl den Sprechstil als auch die Methoden der Aneignung eines Textes und gingen jeweils einher mit einem sich verändernden Selbstverständnis der Künstler. Des Weiteren gehen wir seit etwa 1900 von einem zunehmend kritischeren Sprachverständnis aus, das einen Eigenwert des lautlichen Zeichens nur ausnahmsweise zulässt. Die Individualität des Sprechers bekam demgegenüber einen höheren Stellenwert, wodurch der Spielraum interpretatorischer Freiheiten größer geworden ist.
Eine interessante Entwicklung ist bei der Einfühlung zu beobachten, durch die der Sprecher sich emotional mit der Textvorlage verbindet. Goethe erwartete vom Schauspieler vor allem *„Einbildungskraft“*[115], allerdings darf man vermuten, dass zur Zeit der Romantik und des Idealismus das Fühlen anders ausgeprägt war als im wissenschaftlichen Zeitalter. In Bezug auf gestisches Verhalten empfahl Goethe, sich selbst beim Lesen des Textes im Spiegel zu beobachten. Bei Stanislawski ist in Bezug auf die Rolle ein Höchstmaß an Identifikation und subjektivem Erleben gewünscht. Dem gegenüber strebt die Sprachgestaltung nach Steiner nach einer Sprechkunst, in der das persönliche Erleben zwar angeregt, aber anschließend

---

[111] Vgl. Haase 2013a, S. 217
[112] Vgl. Anhang S.99
[113] Ritter 2004, S. 187
[114] Ebd., S. 214
[115] Goethe, Johann Wolfgang von 1988, S. 740

verobjektiviert wird. Auch die Tschechow- Methode arbeitet intensiv mit dem Erleben des Spielers. Allerdings werden die Distanz zu allzu persönlichen Gefühlen und das Auffinden einer ‚objektive Kunstexistenz' angestrebt. Bei Brecht wird die Distanzierung zum Kunstmittel, um den Zuschauer an der Identifikation zu hindern. Als Methode für die Erarbeitung von Text und Rolle ist Einfühlung und Situationsbezug allerdings Bestandteil seiner schauspielerischen Arbeit.

Mit der Erkenntnis, dass das Sprechen als ein gesamtkörperliches Ereignis anzusehen ist, konnte sich die Sprechkunst den Methoden der Schauspielarbeit, die immer schon einen starken Körperbezug hatten, wieder annähern. Das Aufsuchen des Gestus innerhalb einer literarischen Textvorlage definiert auch die poetische Sprache als Handlung innerhalb eines konkreten Situationsbezugs.

Weit mehr als das Bühnensprechen im Schauspiel, wird das Dichtungssprechen seit etwa 1926 der Kommunikation zugeordnet. Wesentliches Kennzeichen ist, dass der Sprecher während der Rezitation nicht in eine Rolle schlüpft. Der Sprecher ist also stärker auf das Publikum bezogen. Eine weitere Veränderung betrifft die Gewichtung der literarischen Vorlage. Ob der Text als Partitur verstanden und vor allem aus der Textstruktur heraus gestaltet werden sollte, oder eher als Inspirationsquelle für eine stark individualisierte, vielleicht sogar improvisatorische Gestaltung dienen darf, klingt bei Drach schon an und wird, wie in Kapitel 2.2 angedeutet, bis heute kontrovers diskutiert.

3. Sprachgestaltung und Gestisches Sprechen

3.1 Einleitung

Nachdem gezeigt worden ist, welche Einflüsse das Dichtungssprechen seit dem 19. Jahrhundert geprägt haben, soll das folgenden Kapitel den Ansatz der Sprachgestaltung von Marie und Rudolf Steiner und das Gestische Sprechen nach Hans Martin Ritter näher beleuchten. Nach einer kurzen Darstellung zu den Persönlichkeiten wird in einem Überblick das jeweilige Konzept als Ganzes umrissen. Für die Sprachgestaltung erscheint es sinnvoll, zusätzlich zum zeitgeschichtlichen Kontext auch den speziellen Denkansatz Steiners hinsichtlich der evolutionären Sprachentstehung und der Wahrnehmung von Sprache über die sensorische Rezeption zu erläutern. Da es den Rahmen dieser Arbeit sprengen würde, beide ästhetischen Konzepte in all ihren Ausdifferenzierungen und Feinheiten erschöpfend darzustellen, werden vor allem diejenigen Elemente beschrieben, die für das Dichtungssprechen relevant sind und sich für einen Vergleich anbieten.

Im Focus der Darstellung stehen die jeweiligen Auffassungen zu Gestus und Gebärde. Beide Konzepte werden untersucht hinsichtlich ihrer Aussagen zum Umgang mit dem Einzellaut, dem Umgang mit Form- und Stilelementen eines Textes und in Bezug auf die Sprecherrolle. Beide Darstellungen enthalten auch einen Blick auf die Körperarbeit. Dass die Reihenfolge der Unterkapitel zu den beiden ästhetischen Konzepten thematisch keine Parallelität aufweist, liegt in den Konzepten selbst begründet und erschließt sich beim Lesen.

3.2 Das ästhetische Konzept der Sprachgestaltung

3.2.1 Marie und Rudolf Steiner

Vor ihrer Begegnung im Jahre 1900 und dem Beginn ihrer Zusammenarbeit, waren Marie und Rudolf Steiner auf sehr unterschiedliche Weise mit Literatur und Theater in Berührung gekommen.

Marie Steiner (1867-1948) studierte an der Pariser Sorbonne vergleichende Sprachwissenschaften und genoss zusätzlich in Paris, Petersburg und Berlin eine gründliche Ausbildung als Rezitatorin und Schauspielerin.[116]

[116] Vgl. Wiesberger 1988

Rudolf Steiner studierte unter anderem Naturwissenschaften und Literaturgeschichte. Zusätzlich hörte er Philosophie- und Medizinvorlesungen an der Wiener Universität. Bevor er selbst als Regisseur tätig wurde, beschäftigte er sich als Rezensent und Kritiker intensiv mit den Zeiterscheinungen des Theaters und der Sprechkunst. Ab 1890 wurde Steiner als Mitarbeiter an das Goethe-Schiller Archiv in Weimar berufen, um Goethes naturwissenschaftliche Schriften verantwortlich herauszugeben. Über sieben Jahre hatte er Gelegenheit, Goethe und Schiller an Originalschriften zu studieren. In diese Zeit fällt auch ein intensives Studium der Schriften Nietzsches. 1897 entschloss sich Steiner nach Berlin umzusiedeln, wo er von dem Dramatiker Otto Erich Hartleben die Herausgabe und Redaktion der literarischen Wochenschrift *Magazin für Litteratur* angetragen bekommen hatte. Innerhalb kürzester Zeit wurde er Teilnehmer und aktives Mitglied der Berliner Avantgarde. Als Mitglied des Vorstandes der ‚Freien Dramatischen Gesellschaft', deren Aufgabe vor allem darin bestand, Stücke zu inszenieren, die an den etablierten Theatern als zu gewagt eingestuft wurden und deshalb im Spielplan fehlten, übernahm er erstmals Regieaufgaben. Es waren vor allem zeitgenössische Theaterstücke, die er in Zusammenarbeit mit verschiedenen Schauspiel-Ensembles und gemeinsam mit Otto Erich Hartleben inszenierte.[117]

Theatergeschichtlich betrachtet fällt Steiners erste aktive Mitwirkung am Theatergeschehen in eine Zeit des rasanten Wandels. Während in Moskau Konstantin Stanislawski und in Berlin Otto Brahm Realismus und Naturalismus im bürgerlichen Theater etablierten, ereigneten sich jenseits der großen Häuser bereits Absetzbewegungen, die sich z.B. an den Ideen Friedrich Nietzsches oder den Werken Maurice Maeterlincks orientierten.[118]

Steiner hatte sich im Rahmen seiner Tätigkeit als Theaterkritiker bereits in Wien und Weimar rege an der Auseinandersetzung um die Frage nach einem zeitgemäßen Theater beteiligt. Entschieden wandte er sich in seinen Aufsätzen gegen althergebrachte Schablonen oder das vereinheitlichende Rollenfach der Darsteller.[119] Doch so sehr er es auch begrüßte, dass sich die Schauspieler in ihren Rollen individualisierten und zu Menschendarstellungen kamen, die aus dem eigenen Erleben und der Beobachtung der Realität heraus gestaltet waren, so sehr vermisste er doch andererseits eine höhere geistige Dimension. Entsprechend seiner schon da-

---

[117] Vgl. Steiner 1990c
[118] Meyer-Kalkus 2001, S. 209f
[119] Vgl. Steiner 2014, S. 78f

mals entwickelten Philosophie, dass der Mensch ein mit Seele und Geist begabtes Wesen sei, dessen Existenz über das äußerlich Sichtbare hinausgeht, suchte er nach theatralen Formen, die den Menschen diese Dimension zusätzlich aufzuzeigen vermochten. Eines der ersten Dramen, die er in Berlin auf die Bühne brachte, war Maeterlincks symbolistisches Stück *Der Ungebetene*.[120] Steiners eigene Dramen, die er in den Jahren 1910 bis 1913 verfasste und in München und Dornach auf die Bühne brachte, zeigen seine Suche nach einer Spiritualisierung des Theaters.[121]

Ab 1899 unterrichtete Rudolf Steiner an der Arbeiterbildungsschule in Berlin das Fach Geschichte. Nach dem Vorbild des in Wien lehrenden und mit ihm befreundeten Sprach- und Literaturwissenschaftlers Karl Julius Schröer richtete er ab 1900 auch Redeübungen ein und gab Anregungen zur Verbesserung des Stils und der Rhetorik.[122] 1899 schrieb Steiner über seine Wahrnehmungen zur Entwicklung der Sprechkunst und der Vortragssprache insgesamt. Er konstatierte den dringenden Bedarf einer Ausbildung des öffentlichen Sprechens sowohl im Bereich der Rezitationskunst, als auch beim Halten von öffentlichen Ansprachen. Als problematisch empfand er, dass jemand, der sich sprecherisch ausbilden wolle, nur die Möglichkeit habe, bei einem Schauspieler Unterricht zu nehmen. Es bestehe somit die Notwendigkeit, eine eigene Methodik für das Sprechen von Dichtung und für den Vortragsredner zu entwickeln.[123] Steiner hatte besonders auch die volkspädagogische Bildung im Blick. Es ist unschwer zu erkennen, dass diese Überlegungen Steiners denjenigen, die zur Begründung der Sprecherziehung führten, nicht nur zeitlich, sondern auch inhaltlich nahe standen.[124] Steiner hatte 1924, zum Zeitpunkt der offiziellen Begründung der Sprachgestaltung, eine über dreißigjährige forschende Beschäftigung mit dem Phänomen Sprache hinter sich. In vielen Vorträgen und Aufsätzen hatte er seine Gedanken zur kulturellen Bedeutung der Sprache dargelegt. Darüber hinaus hatten er und Marie Steiner seit etwa 1902, in gemeinsamer künstlerischer Arbeit und in Seminaren für Lehrer, Vortragsredner und Eurythmisten

[120] Vgl. Steiner 1990c, S. 264f
[121] Vgl. Lindenberg 1997, S. 483
[122] Vgl. Ebd., S. 301f
[123] Vgl. Steiner 2014, S. 104
[124] Vgl. Pabst-Weinschenk 2011b, S. 255f

die Inhalte und Methoden zur rhetorischen Sprechbildung und zur Sprechkunst entwickelt.[125]

Zum besseren Verständnis des ästhetischen Konzeptes und der methodischen Vorgehensweise innerhalb der Sprachgestaltung werden im folgenden Kapitel einige Thesen Steiners zu Anthropologie und Sprachentstehung vorgestellt.

3.2.2 Thesen zu den menschlichen Sinnen und zur Sprachentstehung

In seiner 1916 erstmals veröffentlichten Sinneslehre[126] vertrat Steiner die Hypothese, dass zu den damals bekannten 5 Sinnen Hören, Sehen, Riechen, Schmecken und Tasten noch weitere 7 Sinne hinzuzufügen seien, nämlich ein Eigenbewegungssinn, ein Wärmesinn, ein Lebenssinn, ein Gleichgewichtssinn, sowie jeweils Sinne für die Wahrnehmung von Worten (Sprachsinn), das Erfassen von Gedanken (Gedankensinn) und das Wahrnehmen und Erkennen der Persönlichkeit des Anderen (Ich-Sinn). Beim Wahrnehmen von Sprache waren für Steiner drei verschiedene sinnliche Wahrnehmungen relevant: Das Hören an sich, dann das *„Vernehmen von Worten“*[127], was Steiner dem Wortesinn oder Sprachsinn zuschrieb, und das *„Erfassen von Gedanken“*[128] durch einen Gedankensinn.

Dass die Sprachwahrnehmung nicht von der Tonwahrnehmung unterschieden werde und nur ein einziger Sinn zugrunde gelegt werde, nämlich das Hören, liege nur daran, dass die höheren Sinne nicht so ohne weiteres in einem sichtbaren Organ zu lokalisieren seien. Bei gewissenhafter Forschung ließen sich nach Steiners Auffassung auch für die Sprachwahrnehmung und die Gedankenwahrnehmung organische Grundlagen finden.

Entscheidend bei Steiners Sinneslehre ist allerdings das Zusammenspiel der verschiedenen Sinne. Mindestens zwei Sinne müssten beteiligt sein, damit eine Wahrnehmung zustande komme, wobei einer der Sinne eher unbewusst bliebe.[129] Die Suche nach einem Organ für die Sprachwahrnehmung führte Steiner zu einer These, die, vom heutigen Forschungsstand aus betrachtet,[130] plausibel sein könnte.

---

[125] Es ist bis heute schwer nachzuvollziehen, wie groß der Anteil Marie Steiners an der konzeptionellen Entwicklung der Sprachgestaltung tatsächlich war. Unrealistisch ist es jedoch zu glauben, Steiner hätte dieses Konzept ohne ihre Mitwirkung realisieren können. Fakt ist, dass sie mit ihrer künstlerischen Professionalität Ausbildung und Bühnenarbeit in Dornach ermöglichte und mit prägte.

[126] Vgl. Steiner 1983

[127] Ebd., S. 146

[128] Ebd.

[129] Vgl. Ebd., S. 148

[130] Vgl. Peveling 2016

Steiner ging über die klassische Auffassung hinaus, dass eine direkte Verbindung bestehen müsse zwischen einem Sinn und einem dazugehörigen physischen Organ. Er nahm vielmehr an, dass die Fähigkeit, sich zu bewegen mit der Fähigkeit, zu sprechen in enger Verbindung stehe.[131] Als organische Grundlage für die Sprachwahrnehmung beschrieb Steiner die Bewegungsorganik.[132]

Den Begriff ‚Sprache' bezog Steiner in diesem Zusammenhang nicht nur auf die verbale Äußerung allein, sondern auch auf paraverbale und extraverbale Anteile.[133] Interessanterweise bezeichnete er nicht die Bewegung und ihren Mechanismus selbst als besonders relevant für die Sprachwahrnehmung, sondern die *Bewegungsfähigkeit* und die Fähigkeit, Bewegungsimpulse zurückzuhalten oder zu *„stauen"*[134].

Zur Veranschaulichung dessen, was während der Sprachwahrnehmung im Bewegungsapparat geschieht, gibt Steiner ein Beispiel dafür, was ein Mensch instinktiv tut, wenn er etwas nicht hören will: Er macht etwa eine abwehrende Geste mit den Händen. Indem er seine eigenen Gebärden nicht mehr unterdrücke zugunsten der Sprachgebärde des Gesprächspartners, verhindere er bis zu einem gewissen Grade das Hören und Verstehen der Worte.[135] Beim Sprechen wird laut Steiner hauptsächlich ein kleiner Teil des Bewegungsorganismus durch Willensimpulse in Bewegung versetzt, nämlich Kehlkopf und Artikulationsorgane.[136]

In seiner Auffassung zur Sprachentstehung setzte sich Steiner von den verschiedenen Theorien seiner Zeit ab, wobei er einige der um die Jahrhundertwende diskutierten Ansätze, die die Entstehung der Sprache aus der Psychologie des Menschen heraus[137] zu erklären suchten, nicht grundsätzlich ablehnte.[138]

Unter Berücksichtigung der Vielschichtigkeit der menschlichen Konstitution, stellt er die Evolution des Sprechens als einen auf mehreren Ebenen gleichzeitig ablaufenden Prozess dar, dessen einzelne Vorgänge sich gegenseitig bedingten und förderten.[139] Lautentstehung und Wortschöpfung werden mit musikalischen und malerisch-plastischen Tätigkeiten in Zusammenhang gebracht und somit im Bereich des

---

[131] Vgl. Lutzker 1996, S. 35
[132] Vgl. Steiner 1992, S. 243
[133] Vgl. Steiner 2009, S. 28
[134] Steiner 1992, S. 246
[135] Ebd.
[136] Ebd., S. 245
[137] Vgl. Wundt 2006 314ff
[138] Vgl. Steiner 1990b, S. 29
[139] Vgl. Steiner 1984b, S. 28f

künstlerisch-kreativen Schaffens angesiedelt. In dieser kreativ-schöpferischen Betätigung spielen sowohl die Nachahmung äußerlich wahrgenommener Eindrücke, als auch die Verwandlung dieser Eindrücke in bildhaft-symbolische Lautzeichen und die Kundgabe seelischer Bewegungen eine Rolle. Seelische Regungen durchstrahlen einerseits das gesprochene Wort im suprasegmentalen Bereich, haben andererseits aber, Steiners Ansicht zufolge, auch bei der Schöpfung des Lautbestandes mitgewirkt.[140]

Für die hier behandelte Fragestellung ist es bedeutend, dass Steiner den Begriff der Nachahmung erweiterte, indem er nicht nur das aktive Nachahmen eines Geräusches oder Klanges berücksichtigte. Zur Nachahmung gehörte aus seiner Sicht auch das Phänomen des unbewussten muskulären Mitbewegens, wie es später, in den 1970er Jahren von William S.Condon erforscht und beschrieben wurde.[141] Das Mitbewegen werde, ebenso wie die eigene Bewegung, über den oben erwähnten Eigenbewegungssinn oder Bewegungssinn wahrgenommen. Dieser befähige den Menschen, diejenigen Bewegungen wahrzunehmen, die außerhalb von ihm geschehen, indem er sie in muskulären Mikrobewegungen nachvollziehe.[142] Dieses Nachvollziehen äußerer Eindrücke durch innere Bewegungen ist eine der zentralen Thesen Steiners in Bezug auf Sprache und Denken.[143] Sie wird uns im Weiteren zu seinem Verständnis von Gestus und Gebärde führen. Als erstes Element der Sprachentstehung sieht Steiner also das Nachahmen oder Nachgebärden. Ein Zweites wäre dann die Verbildlichung: In der Weiterverarbeitung des äußeren Reizes entstehen innere Bilder des Wahrgenommenen; aus einem Ton oder Geräusch der Außenwelt wird seine sinnbildliche Entsprechung, der Laut. Der Mensch erschafft sich Bilder und Symbole für seine Sinneseindrücke. Wenn er ein Bild malt, dann erschafft er etwas Neues, dass das Gesehene zwar abbildet, aber nie perfekt kopiert. Ebenso sei es mit der Entstehung des Lautes und des Wortes. Sie drückten nur sinnbildlich aus, was zuvor wahrgenommen wurde.

Als drittes Element der Sprachentstehung kommt dasjenige hinzu, was der Mensch selbst angesichts des wahrgenommenen Eindrucks empfindet. Gefühle wie Freude, Erstaunen oder Schmerz suchen sich ihren Ausdruck über den stimmlichen Ton. Dieser Ton in seinen verschiedenen Ausformungen bildet innerhalb der Sprachent-

[140] Ebd.
[141] Vgl. Condon et al. 1971
[142] Vgl. Steiner 1984b, S. 28f
[143] Vgl. Steiner 1989, S. 46

stehung die vokalische Äußerung. Der Vokal wäre demnach ursprünglich die Selbstkundgabe der Emotionen. In einem Vortragskurs zur Pädagogik weist Steiner darauf hin,

> *dass alle Dinge der Welt auf den Menschen einen Gefühlseindruck machen.* [...] *wenn auch oftmals ganz leise, so dass es halb unbewusst bleibt.*[144]

Erst die Verbindung von Nachahmung, Versinnbildlichung und Gefühlsäußerung führten zu dem, was die menschliche Sprache darstellt. Diese drei Tätigkeiten lägen eher im Vorbewussten oder Unbewussten, so dass die Entstehung der menschlichen Sprache, laut Steiner, weniger der Ratio oder einem zweckmäßig geplanten bewussten Handeln zu verdanken wäre, als vielmehr der menschlichen Kreativität und Phantasiebegabung, die ihn spielerisch zu Ausdrucksformen geführt hat, mit denen er seine Erlebnisse immer besser und differenzierter mitzuteilen gelernt hat. Die Sprachen der Welt wären somit in ihrer jeweiligen charakteristischen Eigenart als ein Kunstwerk zu betrachten, das allerdings nicht von einem einzelnen Künstler, sondern von Menschengruppen bzw. Völkern im Laufe der Evolution geschaffen worden sei.[145]

Zusammenfassend bleibt festzuhalten:

- Steiner geht von einer neuartigen Sinneslehre aus, indem er für Sprachverstehen und Sprachproduktion den Sprachsinn verantwortlich macht, der in engem Zusammenhang mit dem Bewegungsorganismus des Menschen steht.
- Zusätzlich beschreibt er einen Bewegungssinn, der ebenfalls sowohl an der Sprachwahrnehmung als auch an der Sprachproduktion beteiligt ist.
- Entscheidend für die Sprachwahrnehmung sei die *Bewegungsfähigkeit* und die Fähigkeit, Bewegung und Gebärde zurückzuhalten.
- Unter den Begriff Sprachwahrnehmung durch den Sprachsinn fallen für Steiner auch alle nonverbalen Anteile der Kommunikation.
- Über das Mitbewegen äußerer Verhältnisse erfasse der Mensch die Welt körperlich und damit intuitiv. Dieses Erfassen bezieht sich auch auf bildliche Wahrnehmungen.

---

[144] Steiner 1990a, S. 25
[145] Vgl. Steiner 1981, S. 59

- Sprechen sei ein ganzkörperliches gestisches Geschehen innerhalb des Bewegungsorganismus, wobei die Hauptbewegung vom Kehlkopf übernommen werde.
- Die verbalen Sprachäußerungen seien in Kehlkopfbewegungen übergeführte Gebärden.
- Sprache wird verstanden als ein geistiges Produkt des Menschen, das anhand der Verbindung von Nachahmung, Versinnbildlichung und Gefühläußerung entwickelt wurde.
- Lautbildung und Wortschöpfung seien aus musikalischer und malerisch-plastischer Tätigkeit hervorgegangen.

3.2.3 Methodische Überlegungen

Insofern die Sprache selbst in ihrem Rhythmus, ihrer Silbenhaftigkeit, Lautlichkeit und Wortgestalt bis hin zu ihrem grammatikalischen Bau als Kunstwerk zu betrachten ist, ist es laut Steiner erforderlich, das künstlerische Sprechen an den Phänomenen und Gesetzmäßigkeiten dieses Kunstwerkes zu orientieren. Vergleichbar wäre dies der Forderung, dass ein Musiker sich an den Gesetzen der Komposition zu orientieren habe. Aus der innigen Verbindung des Menschen mit der Struktur und den Gesetzmäßigkeiten der Sprache, die er ja selbst hervor gebracht hat, und deren Instrument sein eigener Sprachorganismus ist, ergibt sich, dass der Sprecher sich für das bewusste Erlernen und Beherrschen der Sprache innerhalb der Sprechkunst an nichts anderem als der Sprache selbst zu orientieren habe. Da der Sprachproduktion die Anbindung an die physischen Gesetzmäßigkeiten des menschlichen Sprechorgans zugrunde liegt, und die Sprechwerkzeuge sich im Vollzug des Sprechens erst vollständig ausbilden, ist zu erwarten, dass die Sprache selbst für eine sprechbildnerische und sprechkünstlerische Schulung bestens geeignet ist. Dies führt in Steiners Methodik dazu, dass die Behandlung des Atems oder der Stimme immer in Verbindung mit Sprache geübt wird.[146] Techniken, die Atem oder Zwerchfell isoliert behandeln, werden nicht eingesetzt. Atemvolumen, Stimmeinsatz und Resonanzen sollen sich an der sprachlichen Ausübung, an Lauten, Lautfolgen und Sätzen selbst schulen und einstellen. Hierfür wurden von Rudolf und Marie Steiner in den Jahren zwischen 1907 und 1925 zahlreiche Sprechübun-

[146] Vgl. Steiner 2002, S. 153

gen erarbeitet, an denen sich der Sprecher in Hinblick auf Atem, Artikulation und Stimme ausbilden kann.[147]

Einen besonderen Stellenwert innerhalb der sprachlichen Erscheinungen räumt Steiner der Dichtung ein. In der Dichtung sei der Abstraktionsprozess, dem die Sprache im Laufe der Menschheitsentwicklung unterliege,[148] weniger ausgeprägt.

> *Und wenn nun der Dichter daran geht, die Sprache zu gestalten, so handelt es sich darum für ihn, daß er auf einer höheren Stufe diesen Sprach- entstehungsprozeß selber wiederholt.*[149]

In einem Artikel über die Vortragskunst aus dem Jahre 1889[150] umreißt Steiner mit wenigen Sätzen, was später ein grundlegendes Merkmal seines ästhetischen Konzeptes für die Sprachgestaltung und das Schauspiel wird: Er wirft die Frage auf, wodurch sich die natürliche Sprache von der des Schauspielers, und diese wiederum von der eines Rezitators unterscheidet. Was er dann ausführt, bildet eine weitere Verstandnisgrundlage für das methodische Vorgehen beim Dichtungssprechen und sei hier kurz skizziert:

Beim natürlichen Sprechen innerhalb einer Alltagssituation ist der Sprecher in eine bestimmte Situation eingebettet, die er nicht erläutern muss. Darüber hinaus stehen ihm alle Mittel der verbalen, nonverbalen und paraverbalen Kommunikation zur Verfügung, um sein Anliegen verständlich zu machen. Er spricht in einem bestimmten Umfeld, einer bestimmten Situation zu ganz bestimmten Menschen usw. All dies prägt die Art seines Ausdrucks und hilft zur Verständigung, ohne dass der Sprecher sich dessen bewusst sein muss.

Der Schauspieler auf der Bühne hat diese Mittel in reduzierter Weise zur Verfügung. Es gibt ein Bühnenbild, das Licht, weitere Figuren und natürlich den Wortinhalt. Doch all dies genügt nicht, um eine Situation verständlich und vor allem erlebbar machen zu können. Deshalb muss der Schauspieler Steiners Überzeugung nach sowohl verbal als auch im mimischen und gestischen Ausdruck über das Natürliche hinauskommen, um beim Zuschauer Interesse und Verständnis zu erreichen.

Wieder anders stellt es sich für den Rezitator dar:

[147] Vgl. Steiner et al. 1983
[148] Vgl. Steiner 1990b, S. 28
[149] Steiner et al. 1967, S. 101
[150] Vgl. Steiner 2014, S. 101

Wir müssen Empfindungen hören, wenn wir einen Vortragskünstler vor uns haben. [...] Ein Vortragender, der «natürlich» spricht, ist kein Künstler. Die Steigerung der Sprachausdrucksfähigkeit muß studiert werden. Es werden sich auf diesem Gebiete Dinge ergeben, die nicht minder mannigfaltig sind als die Lehren der Gesangskunst.[151]

Um die Sprachausdrucksfähigkeit zu steigern, ist also eine umfassende Schulung erforderlich. Diese Schulung sieht zunächst für den Schauspieler und den Rezitator ähnlich aus. Sie differenziert sich im Weiteren in Bezug auf stilistische Merkmale. Eines der ersten Erfordernisse in Bezug auf den Sprachausdruck ist das Arbeiten mit Sprachgebärden. Wir werden bei der Untersuchung des Begriffes ‚Gebärde' bei Steiner noch sehen, dass dieser Ansatz auf ähnliche Überlegungen beruht wie bei Artaud, in etwas anderer Weise gilt dies auch für den Gestus von Brecht.

Nun ist in der Sprache selbst die Gebärde zwar angedeutet durch das Stimmliche, aber als solche verschwunden. Im Dramatischen, oder höchstens andeutend auch in der übrigen Rede, bringen wir die Gebärde wieder hervor." (80)[152]

3.2.4 Griechischer Fünfkampf als Urgestus

Die Tatsache, dass Steiner das Sprechen als ein Ineinandergreifen physischer, psychischer und geistiger (kreativer) Vorgänge versteht, lässt es konsequent erscheinen, dass eine sprecherische und sprechkünstlerische Schulung alle drei Ebenen berücksichtigt. Hinsichtlich einer Körperschulung blickte Steiner auf die griechische Kultur der Antike und führte in das Ausbildungskonzept für Schauspieler und Sprecher das Pentathlon ein, also Laufen, Springen, Ringen, Diskuswerfen und Speerwerfen. Diese Bewegungsformen wurden sowohl im Freien als leichtathletische Übungen ausgeführt, als auch modifiziert mit Stäben oder Bällen im geschlossenen Raum. Steiners theoretische Überlegungen zu dieser Art der Körperarbeit weisen über den Aspekt der körperlichen Ertüchtigung hinaus. (Vgl.72f und 189f)

Er sah in jeder einzelnen Disziplin auf unterschiedliche Weise einen Urgestus, mit dem der Mensch der Welt und anderen Menschen gegenübertritt: Im Gehen und Laufen entwickele der Mensch ein fundamentales Verhältnis zur Erde, geprägt von Anziehung, Abstoßung und Erringen der Aufrichte und des Gleichgewichtes. Der

[151] Steiner 2014, S. 101
[152] Zahlen in runden Klammern bezeichnen hier Seitenzahlen in: Steiner et al. 1981

Rhythmus des Gehens oder Laufens findet sich im langsamen oder schnellen Vorwärtslaufen der Silben wieder. Der Gehende verbindet sich mit dem Untergrund, um sich dann sofort wieder davon zu lösen und abzusetzen. Dieses Verbinden und Lösen ist ein rhythmisches Geschehen. Das Tempo und die Dynamik sind dabei sehr variabel. Sie erzählen schon etwas über die äußere oder innere Situation des Menschen. Übertragen auf die bühnenmäßige Darstellung bedeutet dies, dass der Gang des Schauspielers nie neutral sein könne, sondern immer etwas ausdrücken müsse. Der Mensch ‚spricht' im Gehen, indem die Art des Gehens die innere Situation einer Figur schon verkörpert. Vom Schauspieler wünscht sich Steiner, dass er so gehen möge, dass das Gehen *„das Wort schon artikuliert"* (191). Der Körperausdruck signalisiert den inneren Gestus.

Modifiziert wird dieses Verhältnis zur Erde durch den Sprung, der eine andere Entschlusskraft und größeren Willens- und Energieaufwand fordert. Im Springen steigert sich die rhythmische Bewegung des Gehens dynamisch, setzt in das rhythmische Gleichmaß des Laufens eine willkürliche Akzentuierung.

Im Ringen beginnt die Auseinandersetzung mit einem Gegenüber. Der Mensch erlebt sich selbst im Umgang mit einem anderen Menschen und muss auf dessen Impulse reagieren. Einerseits schult dies in hohem Maße die Körperbeherrschung und ganz besonders das Halten und Wiederherstellen des Gleichgewichtes. Andererseits entsteht eine Art Kommunikation mit dem Gegner. Der Mensch setzt sich mit den Armen und Händen in ein wechselvolles Verhältnis zu einem Gegenstand oder einem anderen Menschen, indem er mal eher offensiv, mal empfangend, den Widerstand abspürend, agiert. Aus diesem Ringen mit dem Widerstand des anderen entstehen Gebärden oder Gesten. In der Ausbildung des Schauspielers und Sprechers wird das Ringen von Steiner eingesetzt, um ein Gefühl für die angemessene Gestik auf der Bühne zu entwickeln. (191)

Beim Diskuswerfen geht die Aufmerksamkeit in den Umraum, der Blick verfolgt die eigene Tätigkeit und ihre Wirkung im Umfeld, dies drückt sich in der Mimik aus. Mit dem Diskus erschließt sich der Mensch seinen Umkreis, er wirkt mit seinem Willen und seiner Kraft in einen größeren Raum. Im Ein- und Auswickeln vor dem Wurf entsteht eine dynamische, atmende Bewegung. Die Vorbereitung des Wurfes ist ebenso entscheidend wie der Moment des Wurfes selbst. Steiner macht darauf aufmerksam, dass der Blick des Diskuswerfers eine große Rolle spiele, indem er

Hand und Diskus mit Aufmerksamkeit verfolge. Für den Schauspieler sei dies ein Weg, an der Beherrschung seiner Mimik zu arbeiten. (191f)

Der Speerwurf zielt direkt in eine bestimmte Richtung, fasst ein Ziel ins Auge, holt aber zunächst in die Gegenrichtung aus, wirft und trifft. Dieser Vorgang ist mehr als nur ein Bild für die Wirksamkeit der Sprache in ihrer verbalen Form, die weit über die körperliche Begrenzung hinauszugehen vermag. Der Speerwurf soll als Urbild der Sprache selbst verstanden werden. Das Ausholen mit dem Speer gleicht der Sprechvorbereitung, dem Einatmen mit der Sprechplanung bei gleichzeitiger Konzentration auf das Ziel. Dann folgt der entschlossene Wurf mit der richtigen Dosierung an Kraft und entsprechender Sensibilität für das Ziel. (192)

In der gymnastischen Schulung lernt der Schauspieler, seine Gliedmaßen zu beherrschen und sowohl bewusst als auch intuitiv einzusetzen. Indem Steiner in Vorbereitung auf das künstlerische Sprechen zunächst auf Übungen des Bewegungsapparates verweist, macht er deutlich, wie sehr für ihn nicht nur das Sprechen als Tätigkeit, sondern auch die Sprache selbst mit den leiblichen Grundlagen verbunden ist. Erkennbar wird in den Ausführungen zur griechischen Gymnastik zusätzlich der starke Handlungsbezug, den er der Sprache zuweist. Anders als bei sonst üblichen gymnastischen Bewegungsübungen, die eher selbstbezogen sind, erfordert der Fünfkampf zielgerichtete Tätigkeiten mit Bezug zum Raum und zu einem Objekt. Wenn der Mensch spricht, betätigt er sich ebenfalls zielgerichtet und in Auseinandersetzung mit dem Raum und einem Gegenüber. Sprechen ist, so verstanden, Handeln auf einer anderen Ebene. Im Fünfkampf macht sich Steiner die verschiedenartigen Ausrichtungen der Disziplinen zunutze, um sich auf unterschiedliche Weise in ein Verhältnis zum Raum und zum Gegenüber setzen zu können. Diese Verhältnisse können als jeweils eigener Gestus verstanden werden. Worauf Steiner ebenfalls hinweist, wenn er schreibt *„Gehen so, dass das Gehen das Wort artikuliert“* (190) ist, dass der Mensch ‚spricht‘ wenn er handelt. Der Schauspieler muss lernen, seine Leiblichkeit so zu führen, dass sie das ausdrückt, was über eine Rolle ausgedrückt werden soll. Im Sinne der Sprechwissenschaft könnte man sagen, dass der geschulte Schauspieler bewusst und in gesteigertem Maße einzusetzen vermag, was Christa Heilmann als *„Körperausdruck“*[153] bezeichnet, einen Ausdruck also, der im Alltag eher unbewusst und absichtslos erscheint. Der durch Einfühlung entstehende Körperausdruck soll für den Schauspieler und Sprecher zur ‚Sprache‘

[153] Vgl. Heilmann 2011, S. 27

werden und das verbale Sprechen in seiner Aussagekraft unterstützen und begleiten.

Man kann bei diesen Vorübungen zum Sprechen zwei grundlegende Aspekte ausmachen. Zum einen den Bewegungsaspekt, den Steiner auch der Sprache zuweist. Die Sprache fließt oder läuft silbenmäßig vorwärts. Auf diesen Bewegungsaspekt der Sprache selbst wird im Weiteren bei der Betrachtung von Steiners Haltung zum Einzellaut und zum Wort noch näher einzugehen sein. Gleichzeitig hat die Sprache einen Handlungsaspekt, der der Bewegung Absicht und Ziel gibt.

3.2.5 Sechs archetypische Beziehungsgebärden

Aus den physischen Positionierungen, die der Mensch zum ihm umgebenden Umfeld einnimmt, leitet Steiner über zu den kommunikativen Haltungen. Es werden sechs Grundhaltungen beschrieben, die *„sechs Offenbarungen der Sprache“* (74). Steiner bezeichnet diese Grundhaltungen als *„Abschattungen desjenigen“* was in *„den fünf Tätigkeiten der Gymnastik der Griechen zutage trat“* (80)

So wie der Mensch sich mit der Gymnastik auf unterschiedliche Weise in ein Verhältnis zu Raum und Umfeld bringt, tut er dies auch beim Sprechen. Er bringt sich in ein bestimmtes inneres Verhältnis zum Gegenüber.

Die sechs Haltungen, die sich in der Sprache ausdrücken können, sind:

1. *Wirksam*
2. *Bedächtig*
3. *Vorwärtstasten der Sprache gegen Widerstände*
4. *Antipathie abfertigend*
5. *Sympathie bekräftigend*
6. *Zurückziehen des Menschen auf sich selber* (82)

Ergänzt werden diese Haltungen von Steiner durch eine Beschreibung von körperlichen Bewegungen bzw. Gesten:

1. *Deutend*
2. *An sich halten*
3. *Mit Armen und Händen in vorwärts rollender Bewegung sein*
4. *Von sich Glieder abschleudern*
5. *Glieder ausholen zum Berühren des Objekts*
6. *Abstoßen der Glieder vom eigenen Körper* (87)

Mit dieser Darstellung wird zugleich ein methodischer Weg gewiesen.

Der Sprecher sucht zunächst die Gebärde hinter dem Wort oder dem Satz, führt diese Gebärde mit den Gliedmaßen aus und lässt dann die Sprache folgen.
Die sechs von Steiner benannten ‚Offenbarungen' sind, wie die Disziplinen des Pentathlons, als Urgesten zu verstehen, die in vielfältigen Variationen zu realisieren sind. Diese Variationen ergeben sich aus der Gesamtsituation der Textvorlage bzw. der Fabel und der sprecherischen Intention in Richtung Zuhörer. Ähnlich wie bei Brecht beschrieben, sind diese inneren Haltungen selten in Reinform anwesend. Die Variationsbreite des Ausdrucks ergibt aus der Vermischung und Überlagerung. Betrachten wir diese Haltungen im Einzelnen.
Ein Gestus der Wirksamkeit liegt jeder menschlichen Äußerung zugrunde, die an ein Gegenüber gerichtet ist. (81) Wird sie von anderen Haltungen dominiert, hat diese Wirksamkeit eher impliziten Charakter. Vergleichbar wäre dies mit der mehr oder weniger ausgeprägten Appellfunktion. Die sprecherische Intention oder die rhetorische Absicht kann mehr oder weniger stark hörbar werden. Die körperliche Geste, die der Wirksamkeit entspräche, wäre ein Hindeuten auf etwas real Vorhandenes oder Vorgestelltes.
Die bedächtige Haltung in ihrer Reinform bringt den Gestus der Zurückhaltung mit sich. Gesten, die Bedächtigkeit andeuten, sind solche, die mit Selbstberührung einhergehen. Gleichzeitig beinhaltet die bedächtige Haltung eine starke innere Bewegung. Erst das ‚zur Ruhe bringen' der äußeren Bewegung und eine Verlagerung des äußerlich Bewegten nach innen ermöglicht einen Bewusstwerdungsprozess, der, wenn er parallel zum Sprechen verläuft, sich in bedächtigem Sprechen äußert. Die bedächtige Gebärde in der Sprache wäre vergleichbar mit einem hörbar Machen des Sprechdenkens.
Rudolf Steiner ließ diese Haltung an einer kurzen Passage aus Schillers Ballade *Der Taucher* üben: *„Und es wallet und woget und brauset und zischt"* (85). Hier wird der Gegensatz zwischen starker äußerer Bewegung und innerer denkerischer Ruhe besonders deutlich. Es entsteht gegenüber dem heftig bewegten äußeren Geschehen eine Stimmung des distanzierten Betrachtens.
Die tastende Gebärde findet sich in allen Verhaltensweisen, die Vorsicht, Fragehaltung, Zweifel, aber auch Verwunderung oder Furcht ausdrücken. Es ist eine Haltung, die eine ambivalente Willensrichtung in sich trägt. Das ungehinderte Vorwärtsgehen auf ein Ziel hin wird gehemmt durch einen Widerstand. Dieser Widerstand bewirkt ein vorsichtigeres Vor-Gehen.

Die Antipathie als innere Haltung äußert sich äußerlich im offensiven Wegschleudern und Abwehren.
Die Sympathie findet Steiner ausgedrückt im *„ausholen zum Berühren“* (87) von etwas. Bei dieser Bezeichnung fällt auf, dass Steiner nicht das Berühren selbst, sondern das Ausholen zum Berühren als Gebärde für die Sympathie ansieht. Das macht deutlich, dass mit der Gebärde mehr der Impuls, die Willensrichtung gemeint ist, die als prozesshaft erlebt wird. Wenn dieser Wille ausgeführt ist, und es zur Berührung kommt, ändert sich der Gestus. Aus der sympathischen offenen Gebärde wird vielleicht ein wahrnehmendes Festhalten, das mehr der bedächtigen Gebärde gleicht.
Waren die ersten fünf Gebärden solche, die jeweils eine besondere Art der Kontaktaufnahme darstellen, so ist die sechste eine Gebärde, die den Kontakt beendet. Die Gebärde des *„Zurückziehens auf sich selber“* (82) beendet die Kommunikation aktiv, setzt Grenzen, ohne dabei antipathisch werden zu müssen. Sie beschreibt den Gestus des Sich-Abgrenzens.
Steiners Gebärden sind innere Bewegungen und Haltungen. Sie lassen sich über das körperliche Ausführen durch den Übenden äußerlich sichtbar und vor allem für ihn selbst erlebbar machen. Das so gewonnene Erlebnis wirkt sich auf die Sprache aus. Steiner beschreibt die stimmliche Veränderung zu den jeweiligen Gebärden mit Attributen wie *„schneidend“* [wirksam], *„voll“* [bedächtig], *„zitternd“* [tasten], *„hart“* [antipathisch], *„sanft“* [sympathisch] und *„kurz abgesetzt“* [zurückziehen](87). Mit dem Studium dieser ‚Grundgebärden‘ entwickelt und intensiviert sich ein Fundus an Ausdrucksmöglichkeiten. Es lassen sich über den Weg der körperlichen Aktion die verschiedenen Willensrichtungen schulen, um sie bei der Erarbeitung eines Textes in die Sprache einfließen lassen zu können.

3.2.6 Die Sprachlaute als Gebärden

Steiner ging davon aus, dass den einzelnen Lauten charakteristische Qualitäten oder Gebärden zugrunde liegen. In Kommentaren zu Felix Mauthners *Kritik der Sprache*[154] gab er seiner Überzeugung Ausdruck, dass das Wort selbst die Wirklichkeit gar nicht enthalten *könne*, sondern sich genauso zum Begriff verhalte, wie eine Gebärde. Das Wort spreche nie ganz aus, was gemeint ist, sondern es deute hin. Dieses Hindeuten habe gebärdenhaften Charakter, insofern sei das Wort nichts

[154] Vgl. Kap. 2.3.2

anderes als eine Gebärde, die aber statt mit den Händen, mit dem Kehlkopf ausgeführt werde.[155]

Der Laut als kleinste Einheit der Sprache bekommt in der Sprachgestaltung den gleichen Stellenwert wie die Farbe in der Malerei oder der Ton in der Musik. Es geht dabei um eine Bewegungsqualität, die über die Schallform zur sinnlichen Wirkung kommt. Jeder Laut hat einen eigenen Charakter und damit eine eigene Wirkung, unabhängig von dem Wort, in dem er erscheint. In seinen Vorträgen zur Eurythmie charakterisiert Steiner Vokale und Konsonanten als etwas stark mit dem menschlichen Wesen Verbundenes. Allerdings habe im Laufe der Evolution ein Abstraktionsprozess stattgefunden. Die in einer Ursprache noch anwesende Einheit von Wort und Inhalt bestehe nicht mehr:

> *wir reden, ohne daß wir eigentlich noch mit unserer Seele in die Sprache selber hineinströmen, ohne dass wir aufgehen in der Sprache. Wer fühlt denn noch dieses Verwundern, dieses Erstaunen, dieses Perplexwerden, dieses Sich-Aufbäumen bei den Vokalen! Wer fühlt* [...] *das Nachahmen des Eckigen, das Ausgeschweifte, das Samtartige, das Stachelige bei den einzelnen Konsonanten! Und doch ist das alles in der Sprache enthalten.*[156]

Diese Auffassung vom Laut als eigenständigem Gestaltungsmittel mit gebärdenhaftem Charakter teilt Steiner mit seinem russischen Zeitgenossen Konstantin Stanislawski, der schreibt:

> *Jeder einzelne der Laute, aus denen sich ein Wort zusammensetzt, hat seine eigene Seele, sein Wesen und seinen Gehalt, die der Sprechende herausspüren muß.* [...] *Wer die Seele des Lautes nicht verspürt, der fühlt auch nichts von der Seele des Wortes, des Satzes oder des Gedankens.*[157]

Steiner unterscheidet Vokale und Konsonanten als polare Phänomene des sprachlichen Ausdrucks. Der Vokal ist nach Steiners Auffassung eigentlich ein verwandelter Gefühlausdruck. Er setze ganz am Gefühl es Menschen an, sei eine Art hörbar gewordene seelische Geste. So beschreibt er das A als einen Laut des Sich Öffnens zum Beispiel in Staunen oder Verwunderung, das E als einen Laut des sich

---

[155] Vgl. Steiner 1998, S. 113f

[156] Steiner 1990b, S. 30

[157] Stanislawski 1988b, S. 49–50

Verschließens, der seelischen Verengung und des Begrenzens.[158] Dem Konsonanten ordnet Steiner eher die Eigenschaft des Abbildens zu. Er stamme aus dem „*Erfassen der Dinge; wie wir sie umgreifen, auch nur mit den Augen umgreifen, das wird in den Konsonanten hinein geformt.*“[159] Betrachtete man Vokale und Konsonanten als Ausprägungen der musikalischen und plastischen Qualitäten der Sprache, so würde man den Vokal mehr dem Musikalischen, den Konsonanten mehr dem Plastischen zuordnen.[160] Trotzdem sei in jedem Laut eine mehr oder weniger starke Tendenz zum Modellierenden oder Klingenden vorhanden. Dieses Modellierende und Klingende der Laute bilde für den Sprechkünstler die elementare Grundlage eines gesteigerten Sprechausdrucks.

> *Will man die Sprache so gestalten, dass sie plastisch sein kann auf der einen Seite und musikalisch auf der anderen Seite, so handelt es sich zunächst darum, dass man Gebärde in die Sprache bringen kann.* (80)[161]

Die Konsonanten werden eingeteilt nach verschiedenen Aspekten: nach ihrem formenden Charakter, ihrer Berührungsqualität und nach der Qualität, die sich aus dem Artikulationsort ergibt. Steiner betrachtet die Lautbildung beim Sprechen als einen plastischen Prozess, indem er davon ausgeht

> *daß das, was wir als Ausatmungsluft* [...] *durch Lippen, Zähne, Gaumen formen im Herausstoßen, daß das ja schließlich nichts anderes ist als die Luftgebärde. Nur* [...] *daß man sie durch dasjenige, was sie im Raume erzeugt, eben für das Ohr hören kann.*[162]

Durch ein Nachgestalten dieser Luftgebärde durch die Bewegung der Arme und Hände komme man zur Laut-Eurythmie. Es entstünde dann „*sichtbar ganz dasselbe, was in der Sprache wirkt*“[163].

Die Konsonanten teilt Steiner in vier Kategorien ein, die sich auf diese Luftgebärde beziehen:

Stoßlaute: b, p, d, t, g, k, m, n, ng, qu;

Wellenlaut: l

Zitterlaut: r

---

[158] Steiner 1990b, S. 49f
[159] Ebd., S. 28
[160] Ebd.
[161] Zahlen in runden Klammern bezeichnen hier Seitenzahlen in: Steiner et al. 1981
[162] Steiner 1990b, S. 27
[163] Ebd.

Blaselaut: ch, f, h, j, s, sch, v, w, z; (89)

In Anlehnung an die aus der Antike stammende Elementelehre, schreibt er den jeweiligen Konsonanten elementare Eigenschaften zu, die sie als jeweils einem Element verwandt erscheinen lassen: Die Stoßlaute als befestigend, formend, stützend, - verwandt dem Element Erde, die fließende, verflüssigende Qualität des Wellenlautes L - dem Wasser, dem die Sprache durchlüftenden, den Luftstrom verwirbelnden, durchvibrierenden Zitterlaut R - der Luft, und dem die Sprache dynamisierenden, energetisierenden, in die Leichte führenden Blaselauten – dem Feuer. (Vgl. 344f)

Bleibt festzuhalten, dass mit Gebärde in Bezug auf den Laut nicht eine Form, sondern ein *Formungsprozess* gemeint ist. Eine ausführliche Charakterisierung der einzelnen Lautgebärden findet sich in *Die Eurythmie als sichtbare Sprache*[164].

Ein zweiter Aspekt des Erlebens von Lautqualitäten ist, sich die Berührungstendenz des Lautes zu vergegenwärtigen: *„T – da ist ein starkes Anstoßen mit der Zunge, ein starkes Befühlen. D - man fühlt sanfter.“*[165]

Ein Drittes wäre, den Prozess der Lautbildung an seiner jeweiligen Artikulationsstelle zu beobachten. Dies bietet die Möglichkeit, einen weiteren Aspekt des gestischen Charakters eines Lautes zu erfahren. Steiner teilt die Laute nach den Artikulationsstellen folgendermaßen ein:[166]

1. beide Lippen:	*m b p* (356)
2. Unterlippe obere Zahnreihe:	*f v w* (357)
3. Zahnreihen miteinander:	*s c z* (ebd.)
4. Zunge wirkt hinter den Oberzähnen:	*l n d t* (358)
5. Zungenwurzel:	*g k r j qu* (360)

Im Sinne einer kinästhetischen Wahrnehmung empfiehlt Steiner dem nachzuspüren, was an den jeweiligen Artikulationsorten entstünde, und dies als Stimmung zu verstärken.[167]

Die Lippen z.B. sind diejenigen Organe, die am weitesten vorne sind. Der Säugling nimmt mit ihnen als erstes Kontakt mit der Welt auf, er erspürt und ertastet sich die Welt. Tatsächlich haben die Lippen ein hohes Maß an Sensibilität und dienen in vielen Kulturen der intimen, sympathischen Kontaktaufnahme. Laute, die hier gebil-

[164] Steiner 1990b

[165] Steiner et al. 1983, S. 53

[166] In einer älteren Einteilung unterscheidet Steiner Lippen- ,Zahn-, Zungen- und Gaumenlaute. Dort werden auch die hier fehlenden Laute ch, ng und sch aufgeführt. Vgl. Steiner 1983, S.67

[167] Ebd., S. 61

det werden, drücken dieses Hinausspüren und Hinaustasten selber gestisch aus. Gleichzeitig wirkt die Lautbildung zurück auf den Sprechenden selbst und versetzt ihn in eine vorsichtige, tastende oder auch vertraute Stimmung. Im Lippenlaut berührt der Sprechende sich selbst. An den Lippen lokalisiert Steiner den Sprechansatz für die lyrische Stimmung.[168]

Für den Sprecher entsteht durch ein bewusstes Eingehen auf Lautgebärde, Berührungstendenz und bewusstes Eingehen auf den Artikulationsort ein *„Durchfühlen des Lautlichen"* (340) innerhalb des Sprechvorgangs. Dieses Durchfühlen macht die sinnlich-bildschaffende Qualität der Schallform differenziert erlebbar.

3.2.7 Die Funktion von Form und Stil in der Dichtung

Steiner versteht die Formmerkmale eines literarischen Textes als dasjenige, was ihn über die rein inhaltliche Mitteilung hinaushebt und den Hörer zum ästhetischen Erleben bringen kann. Die Dichtkunst, begreife man sie als einen *„gestalteten Gestus"* (93), sei, wenn man sie in ihren Strukturmerkmalen berücksichtige, in der Lage, den Menschen aus einer *„Kopf-Kultur"* (7) wieder in ein sinnliches Erleben zu führen. Weder der Inhalt selbst, noch das Erlebnis des Sprechers allein, wenn es prosaisch gestaltet wird, seien in der Lage, dies zu ermöglichen. In Anlehnung an Schillers ‚Ästhetische Briefe'[169] werden Inhalte, Bilder, auch die sich ergebenden Empfindungen des Sprechers, als Material für die Gestaltung betrachtet. Erst durch die Überwindung der Dominanz dieses Materials mit Hilfe der poetischen Mittel entstehe die ästhetische Form. (126) Allerdings geht der methodische Weg Steiners zunächst durchaus über den persönlichen, individuellen Zugang zum prosaischen Inhalt. Ist das Erlebnis stark, sind die Bilder angeregt, dann erst suche man die Überführung in die Form. Der Schritt in die Form steht erst am Ende des Erarbeitung- oder Aneignungsprozesses einer literarischen Vorlage, um ein technisches Gestalten der Sprache zu verhindern. (130)

Dem metrischen Aufbau einer Dichtung misst Steiner große Bedeutung zu. Seine Beschreibungen zur Wirkung rhythmisch gestalteter Texte, im Vergleich zu unrhythmischen, bestätigen die in Kapitel 2.3.2 erwähnten Beobachtungen Bertolt Brechts, der allzu regelmäßige Rhythmen als einschläfernd empfand. Allerdings beschreibt Steiner diese Wirkung in positiver Weise. Durch das Metrum wird der

[168] Steiner et al. 1983, S. 56f
[169] Vgl. Schiller 1975, S. 91

Vers innerhalb des Ausatmungsstromes gegliedert. Der Ausatmungsstrom wird verlangsamt oder dynamisiert, verlängert oder verkürzt. Diese Einwirkung auf den Atem wirkt gleichzeitig auf den Herzschlag.[170] Steiner macht darauf aufmerksam, dass jede Veränderung von Atem und Puls auch eine Veränderung in Bezug auf Ruhe oder Erregung und auf das Zusammenspiel von Denken, Fühlen und Wollen hat. Diese Veränderung beim Sprecher teilt sich auch dem Zuhörer mit, der sich mit dem Sprechenden in gewisser Weise synchronisiert. Um zeigen zu können, um was es in der Dichtung wirklich gehe, müsse man zunächst auf die Physiologie schauen.[171] Man benötige eine

> *Anschauung vom Zusammenstimmen des Pulses, der mit dem Herzen zusammenhängt, mit dem Atmungsprozeß. Und jede einzelne Versform* [...], *jede einzelne Gedichtform einschließlich des Reimes, der Alliteration, Assonanz lernt man verstehen, wenn man ausgehen kann von der lebendigen Anschauung des menschlichen Organismus, wie er ist, wenn er sich der Sprache als eines künstlerischen Elementes bedient.*[172]

Die aus der Gattungspoetik bekannten Begriffe episch, lyrisch und dramatisch bezeichnen bei Steiner vor allem die Perspektive, aus der heraus der Dichter in seinem Werk spricht. Der Dichter steht hier stellvertretend für den Menschen, der sich auf drei verschiedene Weisen, in drei unterschiedlichen Haltungen, der Sprache bedient.

Ist die Sprache reiner Ausdruck für „*Tiefstes Inneres*" (46) ohne direkten Bezug zu einem Gegenüber, so spricht der Mensch in der lyrischen Stimmung. Das Sprechen ist wie absichtslos, es ist die Entäußerung einer starken inneren Bewegung.

> *Der Lyriker steht keinem anderen gegenüber, er steht nur sich selbst gegenüber. Sein Sprechen muss so gestaltet werden, dass dieses Sprechen der reine Ausdruck des menschlichen Inneren wird.* (65)

Tritt zu dem Impuls, sich auszudrücken, ein vorgestelltes Objekt hinzu, über das gesprochen wird, wäre dies nach Steiner eine epische Haltung. Die Worte dienen nicht mehr dem reinen Selbstausdruck, sondern beschreiben eine äußeres Objekt

[170] Forschungen zur physiologischen Wirkung des Hexameter-Sprechens bestätigen diese These: Vgl. Cysarz et al. 2004
[171] Steiner et al. 1967, S. 36
[172] Ebd., S. 39

oder ein äußeres Geschehen, das in der Vergangenheit liegt oder nur in der Vorstellung existiert.
„Der Epiker also hat es mit dem Menschen und der gedachten Sache zu tun." (66) Der *„Dramatiker"* (ebd.) hingegen steht einem anderen direkt gegenüber. Diese drei Haltungen treten selten in Reinform auf. (ebd.) Der Sprecher muss jederzeit wechseln können zwischen reinem Selbstausdruck, der Darstellung von etwas Vergangenem oder Vorgestellten und der Auseinandersetzung mit dem Gegenüber.
Da der Sprecher beim epischen Sprechen etwas schon Gewesenes oder Vorgestelltes zitiert, ist sein Ausdruck weniger von innerer Erregung geprägt, er spricht aus der Distanz. Dies bezeichnet Steiner mit Rezitation. In der lyrischen Stimmung ringt sich etwas stark aus dem Inneren los, eine innere Erregung bringt den Sprechenden zu höheren Stimmlagen, er kommt ins Rufen, der Deklamation. (ebd.) Die Auseinandersetzung mit dem Gegenüber in der dramatischen Stimmung bezeichnet Steiner als Konversation. Diese drei Arten des Sprechens, der Rezitation, der Deklamation und der Konversation bilden laut Steiner die Basis für die Gestaltung der Sprache innerhalb der Sprechkunst. (67)

> *Es ist ein Hinstreben von Weltbeobachtung zur Vorstellung, was in der Rezitation zur Offenbarung kommen soll. Daher ist die Rezitation im wesentlichen die Darstellungskunst für das Epos, für die erzählende Dichtung. Wir haben das andere Extrem, die Deklamation. Sie ist gerade an den umgekehrten Prozeß gebunden, an jenen Prozeß, der sich im eigentlichen Seelenleben knüpft nicht an das vorstellungsmäßige Element, sondern an das willensmäßige Element.*[173]

Die verschiedenen Sprechstile realisieren sich für Steiner in differenziertem Zugriff auf den Atem und die Artikulation:
Beim rezitatorischen Sprechen ist die Einatmung entscheidend. Als Vorbereitung auf das *„bildhaft-plastisch"* (45) gestaltete Sprechen wird das Bild oder die Vorstellung ‚eingeatmet' (ebd.). In der Artikulation für das epische Sprechen empfiehlt Steiner, das Bewusstsein beim Sprechen mehr auf den Gaumen zu richten. Man solle möglichst die *„Laute zurücknehmen in dumpfere Region, Gaumenlaute."* (ebd.) Demgegenüber wäre im lyrischen Sprechen der Zugriff auf den Atem meistens deklamatorisch, *„die Ausatmung arbeitet"* (46). Um den lyrischen Stil zu erreichen,

[173] Steiner et al. 1967, S. 41f

werden die Lippenlaute hervorgehoben. Für das dramatische Sprechen soll sich die Aufmerksamkeit verstärkt auf die Zahn-Zungenlaute richten.[174]

In einem Kurs, den Steiner für politische Redner gehalten hat, weist er auf die rhetorischen Möglichkeiten hin, die episches, lyrisches oder dramatisches Sprechen bieten. Lyrisches Sprechen bedeute hier, aus der eigenen Begeisterung heraus zu sprechen, im dramatischen Sprechen redete der Sprecher aus dem Verständnis des Anderen heraus, beim epischen Sprechen schildere man Begebenheiten oder Zustände aus der Vergangenheit, die als nachweisbare Tatsachen den Sprecher auf einen sicheren argumentativen Boden stellten, indem sie für sich sprächen.[175]

Dass Steiner, ebenso wie Drach, eine objektive Schallform, die sich rein aus den Formmerkmalen eines Textes ergeben könnte, nicht für möglich hält, legen Aussagen nahe, die er in Richtung der Theaterkritik des endenden 19. Jahrhunderts in seinem *Magazin für Litteratur* veröffentlichte:

> *Daß zwei Schauspieler eine Rolle auf ganz verschiedene Art spielen müssen, wird meist gar nicht berücksichtigt. Drei Personen vereinigt der Schauspieler in sich, wenn er spielt. Die erste ist seine menschliche Alltagspersönlichkeit, seine Gestalt,* [...] *seine Stimme und so weiter; die zweite ist die Persönlichkeit, die ihm der Dichter zu spielen gibt* [...]. *Die dritte wird nicht sichtbar. Sie steht über beiden. Sie bedient sich der ersteren als Instrument, um die zweite zu verkörpern.*[176]

Der Sprecher muss Steiners Auffassung nach also durchaus interpretieren. Um an den Erlebnisgehalt des Textes heranzukommen, empfiehlt Steiner, den Text stumm zu gebärden und die Sprache erst nachträglich dazu zu nehmen.

> *Nun ist es zweckmäßig, das Studium nicht zu beginnen mit dem Worte, sondern das Studium zunächst vorzubereiten durch die Gebärde, und dann das Wort an die Gebärde anzuknüpfen.* (84)

Außerdem solle man jedes Gedicht zunächst in eigene, prosaische Sprache übersetzen. (Vgl. 130)

Paraphrasieren des Inhaltes und Ausagieren von im Text vorgefundenen Gebärden dienen der Vorbereitung, um nicht das eigene Anknüpfen an den Inhalt zu überspringen. Erst wenn der Text über diesen Weg in seinen Bildern und seinem gestischen Gehalt durchaus persönlich und subjektiv erlebt wird, soll dieses Erlebnis in

[174] Vgl. Steiner et al. 1983, S. 56f
[175] Steiner 1984a, S. 84f
[176] Steiner 2014, S. 66f

die Form übergeführt werden. Das Überführen in die Form, was zur Stilisierung der Sprache führt, soll das Erlebnis über das ganz Persönliche hinausbringen und an die oben beschriebene Wirkung von Laut und Rhythmus anknüpfen, denn

> *Die Rezitationskunst muß zweifellos der Dichtung folgen. Sie bringt gegenüber der Dichtung das Menschliche, die menschliche Organisation selbst als das Werkzeug für die künstlerische Darstellung herbei.* [177]

3.2.8 Der Gebärden-Ansatz in der Sprachgestaltung

Aus allem bisher Beschriebenen lässt sich eine Grundthese Steiners ableiten, die in ihrer Konsequenz für das künstlerische Sprechen zu dem führt, was hier als der Gebärden-Ansatz der Sprachgestaltung bezeichnet werden soll.

Diese Grundthese lautet: Alle äußeren Eindrücke wirken auf den Menschen ursprünglich so, dass er in ihnen Bewegungstendenzen wahrnimmt und mit einer leisen Empfindung reagiert. Die Wahrnehmung selbst geschieht in einem unbewussten Nachahmen dieser Bewegungen. Dieses Wahrnehmen der Welt über die Bewegung schlägt sich in der Sprache nieder. Auf der Ebene des Lautlichen wurde dies in Kapitel 3.2.2 beschrieben. Doch auch in der Wortwahl für dingliche Beschreibungen drückt sich oft ein Bewegungsaspekt aus. Äußerlich unbewegte Formen werden häufig mit Attributen der Bewegung versehen: der Kirchturm *steigt* in die Höhe, eine Ebene *weitet* sich, ein Berg *erhebt* sich, ein Hang *fällt* ab. In adjektivischen Bezeichnungen ist der Bewegungsaspekt nicht mehr so offensichtlich vorhanden, kann aber aus dem Bewegungsprozess der Laute rekonstruiert werden: samten, eckig, stachelig, flüssig, stockend. Die äußeren Eindrücke lösen seelische Regungen aus, die als innere Bewegungen oder Gebärden verstanden werden können. Ein Mast deutet in den Himmel, der Berg erhebt sich drohend, die Ebene weitet sich einladend. In dem, was Steiner als Ursprache oder Urpoesie (65) bezeichnet, sind innere Bewegung oder Gebärde und kommunikative Äußerung noch eng verbunden. Die Weichheit des M, die Härte des K, die fließende Qualität des L bezeichnen durch die Sprache das, was an dem Zu-Bezeichnenden qualitativ erlebt wird. Insofern ist das Wort im ursprünglichen Sinne, also von seiner Entstehung her, eine Gebärde.

---

[177] Steiner et al. 1967, S. 35

Wie oben beschrieben, sind es zweierlei Arten von Gebärden, die sich nach Steiners Auffassung in der menschlichen Kommunikation auswirken. Die erste wäre eine Nachahmung der äußeren Welt, was zu beschreibenden, bildhaften Gebärden führt. Auf der lautlichen Ebene sieht Steiner die beschreibende Eigenschaft mehr im Konsonanten, der als plastisch erlebt wird. Die zweite Art des Gebärdens ist das Offenbaren der inneren Haltung, der Gefühlsausdruck. Bezogen auf die Sprache ist der Vokal mehr in der Lage, Träger des Gefühls zu sein.

Die Sprache des modernen Menschen hat aus Steiners Sicht diese unmittelbare Verbindung nicht mehr, sie ist abstrakt und wird in diesem abstrakten Bewusstsein verwendet. Vergleichbar wäre dies mit der konventionalisierten Geste, aus der die Verbindung zum Bezeichneten nicht mehr unmittelbar herauszulesen ist. Sie hat nur noch symbolischen Charakter. Die von de Saussure formulierte Arbitrarität der Laute und Worte, indem Wort und Inhalt keinen inneren Bezug zueinander haben, könnte man verstehen als Ergebnis dieses Entfremdungs- oder Abstraktionsprozesses. Für die tägliche Verständigung wird der Zusammenhang von Wort und Inhalt auch nicht unbedingt benötigt. Im künstlerischen Sprechen und vor allem beim Dichtungssprechen muss nach Steiners Auffassung die Sprache mehr leisten. Sie muss nicht nur den Gedankeninhalt verständlich machen, sondern auch sinnliche Eindrücke vermitteln und zum sinnlichen, ästhetischen Erlebnis führen. Die Sprache soll in der Sprechkunst lebensvoll werden, verstanden im Sinne Platos, der in *Phaidros* die Bewegung als ein Hauptmerkmal des Lebendigen beschreibt.[178] Die Dichtung hebt sich für Steiner dadurch von der alltäglichen Sprache ab, dass der Dichter sich der Ursprache wieder annähert, die Vorstellung, Gefühl und Wille zugleich zum Ausdruck bringen konnte. Dies geschieht, wie wir gesehen haben, für Steiner, indem der Dichter *„auf einer höheren Stufe diesen Sprachentstehungsprozess selber wiederholt*[179]. Was vom Dichter geschaffen wurde ist also ein Kunstwerk, dessen Mittel nicht den gleichen Voraussetzungen folgen wie die Alltagssprache. Laute, Rhythmus, Reim, Textgattung usw. heben sie aus der Abstraktheit heraus. Dem müsse der Sprecher nachgehen, um *„den Rhythmus von Innerlichkeit und Äußerlichkeit wiederum nacherschaffen* [zu] *können“*[180].

[178] Plato 2004, S. 435
[179] Steiner et al. 1967, S. 101
[180] Ebd.

Eines der Motive Steiners, sich für die Ausbildung des künstlerischen Sprechens einzusetzen lag darin, über die Kunst ein Bewusstsein für die, seiner Überzeugung nach immer noch vorhandene, Lebendigkeit der Sprache zu erzeugen:

> *In der Bühnenkunst muss das innere Leben der Sprache wieder erwachen. Denn es ist in der Sprache ein Teil der menschlichen Wesenheit enthalten. Man findet diesen Teil, wenn man eine Anschauung sucht von dem Verhältnis des Mimischen, des Gebärdenhaften zum Worte. In der Gebärde lebt eine vom Gefühl durchdrungene Willensoffenbarung des Menschen.*[181]

Die oben erwähnte Aussage Steiners, das Wort sei nichts anderes als Gebärde, kann somit auf zwei Aspekte bezogen werden: auf die lautliche Gebärde, die im Sinne der Onomatopoese die Aussage stützt und versinnlicht, und auf die Funktion der Sprache als Träger von Haltungen und Emotionen im suprasegmentalen Bereich. Versteht man die Sprache als dasjenige Medium des Menschen, in dem dic Gebärde, die ursprünglich anwesend war, verschwunden ist, indem Laut und Wort im Laufe der Evolution einer Abstraktion unterworfen wurden, so finden wir den gebärdenhaften Ausdruck am ehesten und unmittelbarsten im Körperausdruck, im ‚Gebaren' des Menschen. Es liegt also nahe, den Zugang zum Ursprünglichen, Vorbegrifflichen über die Bewegung und die Körpergebärde zu suchen. Bei dieser Erkenntnis setzt Steiner mit seiner Gebärdenschulung an.

3.3 Gestisches Sprechen nach Ritter

3.3.1 Hans Martin Ritter

Hans Martin Ritter wurde 1936 in Niedersachsen geboren und verbrachte seine Kindheit im waldorfpädagogisch geführten Kinderheim seines Vaters Heinz Ritter. Er wuchs auf in einer Umgebung, die in vielerlei Hinsicht anregend und richtungweisend wurde. Hans Martin Ritter studierte ab 1955 Schulmusik sowie Germanistik, Theaterwissenschaft und Sprecherziehung an der Hochschule für Musik und der Freien Universität Berlin. 1963 legte er sein 2. Staatsexamen ab und studierte anschließend Soloklavier bei Rudolph Schmidt und Monique de la Bruchollerie, sowie Rezitation und Bühnenpraxis bei Otto Warlich und Stimmbildung und Gesang bei

[181] Steiner et al. 1983, S. 216

Doris Winkler.[182] Als Studienrat für Musik und Deutsch unterrichtete er bis 1970 an verschiedenen Berliner Gymnasien.[183]

Ab 1971 lehrte er als Akademischer Rat/Oberrat für Sprecherziehung und Schultheater an der Universität Duisburg, ab 1973 übernahm er eine Professur an der Pädagogischen Hochschule in Berlin, wo er den Studiengang Schulspiel/Darstellendes Spiel gemeinsam mit Hans-Wolfgang Nickel aufbaute. Ab 1980 wechselte er an die Hochschule der Künste Berlin (heute Universität der Künste) und baute dort den Studiengang Theaterpädagogik auf. Er war außerdem Direktor des Instituts für Spiel- und Theaterpädagogik im Wechsel mit Hans-Wolfgang Nickel. Von 1990 bis 2001 lehrte er als Professor für Schauspielausbildung an der Hochschule für Musik und Theater Hannover. Daneben hatte er zahlreiche Lehraufträge an verschiedenen Hochschulen im In- und Ausland.[184] Begleitet war der berufliche Werdegang Ritters von darstellender oder inszenierender Bühnentätigkeit einerseits und von der intensiven wissenschaftlichen Auseinandersetzung mit der Musik, der Theaterpädagogik und der Sprechwissenschaft andererseits.

Hans Martin Ritter trat als Solopianist, als Sänger und Bühnensprecher auf, außerdem als Solist in selbstentwickelten szenischen Monologen und als Ensembleschauspieler.[185] Seine Tätigkeit als Bühnenkünstler ist bis heute für ihn von großer Bedeutung.

Ritters großes literarisches Oeuvre in Form von Monographien und Aufsätzen zu aktuellen Fragen und Problemen des Theaterschaffens oder der Sprecherziehung entzündete sich stets an der eigenen künstlerischen Tätigkeit oder an den Fragen, die innerhalb seiner Lehrtätigkeit in der Ausbildung junger Studierender zu Theaterpädagogen und Schauspielern auftraten.[186] Alle Theorie wurde aus der Perspektive der praktischen Erfahrung mit Bühne und Ausbildung betrachtet. Diese Maxime gilt auch für die Normen und Werte der heutigen Sprechkunst und Sprechwissenschaft, mit denen Ritter sich - als aktives Mitglied des Berufsverbandes der Sprecherzieher, der ‚Deutschen Gesellschaft für Sprechwissenschaft und Sprecherziehung' (DGSS) - immer wieder kritisch und konstruktiv auseinandersetzt.[187]

[182] Vgl. Erbslöh 2011
[183] Vgl. Ebd.
[184] Ebd.
[185] Vgl. Erbslöh 2011
[186] Vgl. Ritter 1997, S. 7
[187] Vgl. Ritter 2015 S.33f

Einfluss auf Ritters ästhetisches Konzept hatten, abgesehen von sprecherzieherischen Grundlagen, vor allem Bertolt Brecht, Antonin Artaud, Michail Tschechow, Konstantin Stanislawski und Roland Barthes. In seinem 1989 erschienen Werk *Dem Wort auf der Spur* schildert er, wie sich beim Erarbeiten eines Bühnenprogramms mit Texten von Franz Kafka während des Studiums, Fragen zum Erzählstil eröffneten, die dann Anlass zu Reflexion und forschender Tätigkeit wurden. [188]

Im Zusammenhang mit Fragen der Theaterpädagogik erarbeitete er sich die Methoden und Begrifflichkeiten des Brecht'schen Theaters in Theorie und Praxis.[189]

Nach eigenem Bekunden fanden auch durch das Vorbild seines Vaters *„offene und geheime Prägungen“*[190] statt, die Einfluss auf seine Methode nahmen. Der Vater, Heinz Ritter-Schaumburg (1902-1994) hatte innerhalb der Laienspielbewegung ab 1926 mit dem Schauspieler und Regisseur Gottfried Haaß-Berkow gearbeitet, der sich von Rudolf und Marie Steiner hatte ausbilden lassen.[191]

Aus den Beschreibungen der Theaterspielarbeit, die Heinz Ritter-Schaumburg in dem von ihn geleiteten Kinderheim mit den Schülern pflegte[192] wird ersichtlich, dass diese Arbeit von den Methoden Haaß-Berkows stark geprägt war. Ein wichtiges und wirkungsvolles Element der Arbeit Haaß-Berkows war, dass er *„durch seine Gesten sehr stark zum Spielen angeregt hat“*[193]. Hans Martin Ritter berichtet von dieser theaterpädagogischen Arbeit des Vaters, die er als Kind und Jugendlicher intensiv miterlebt hat, in einer Publikation, die er 1991 veröffentlichte.[194] Sie entstand im Rückblick auf ein Theaterstück, das er für die 6. Klasse einer Berliner Waldorfschule geschrieben hatte. (ebd.) Auf die Frage an Hans Martin Ritter, welcher Aspekt aus der Arbeit mit dem Vater in seinen eigenen Ansatz anwesend sei, nennt Ritter vor allem die Arbeit mit den Gebärden.[195]

Hans Martin Ritters produzierende, lehrende und forschende Tätigkeit in verschiedenen Sparten wie Sprecherziehung, Theaterpädagogik, Schauspiel und Musik, die intensive reflektorische Auseinandersetzung mit künstlerischen und didaktischen Fragestellungen in diesen Bereichen, die er regelmäßig publizierte und seine Skepsis gegenüber normativen Festlegungen bei der Wahl der Methoden, führte in den

---

[188] Vgl. Ritter 1989a, S. 10
[189] Vgl. Anhang S.97
[190] Ritter 1991
[191] Vgl. Plato 2003, S. 263f
[192] Vgl. Ritter 1991
[193] Vgl. Anhang S. 113
[194] Ritter 1991
[195] Vgl. Ebd. S.112

letzten 30 Jahren zu einem lebendigen Diskurs über die Sprechkunst innerhalb der DGSS.

3.3.2 Abgrenzung zum gestischen Sprechen nach Klawitter und Minnich

Ritter entwickelte sein Konzept, wie Klawitter und Minnich, auf der Grundlage des Gestusbegriffes von Bertolt Brecht einerseits, und der situativen Motivierung von Stanislawski andererseits. Beide Konzepte entstanden jedoch unabhängig voneinander und unter sehr unterschiedlichen Voraussetzungen. Eine anschauliche Darstellung Ritters dazu findet sich in dem von der Verfasserin geführten Interview mit Hans Martin Ritter, das im Anhang abgedruckt ist.[196] Während Klawitter und Minnich das gestische Prinzip Brechts beim Erarbeiten von Texten in erster Linie so anwenden, dass sie mit teils aus der Textvorlage sich ergebenden, manchmal auch erfundenen, fiktiven situativen Vorstellungsbildern arbeiten, durch die der Gestus motiviert und intensiviert werden soll,[197] entwickelte Ritter auch in Bezug auf die Körperarbeit und die elementare Spracharbeit ein eigenes Verfahren. Er geht damit für das ‚Sprechen als einem gesamtkörperlichen Ereignis' noch einen Schritt weiter. Eine Haltung, ein Gestus oder ein Laut werden durch große körperliche Bewegungen *„ausagiert“*[198], dadurch sollen Vorstellungsbild und körperliche Spannung verbunden und intensiviert werden.

> *Ich habe Brechts Konzept des Gestischen seither verstärkt weitergedacht in Bezug zu schauspieltheoretischen und –praktischen Ansätzen Stanislawskis, Michael Tschechows, auch Artauds und Eugenio Barbas: In den Fokus traten die Aspekte von ‚Körperlichkeit' und ‚Haltung' im Handeln auf der Bühne, das Verbundsystem von ‚Körper- Handlungs- und Sprechimpulsen', um die Handlung ‚intentional' zu begründen und wahrnehmbar werden zu lassen,*[...] *Die Reflexion des Brechtschen Gestusbegriffs hat sich so mit neuen Aspekten verbunden.*[199]

[196] Vgl. Ebd. S.99f
[197] Vgl. Haase 2013a, S. 218f
[198] Ritter 2009, S. 20.
[199] Ritter 2013, S. 43

Ritter bezeichnet seinen Ansatz auch als *„körperorientiertes gestisches oder situatives Sprechen“*[200]. Er wendete diese neu entstandene Methode nicht nur im Zusammenhang mit dem Schauspiel, sondern auch auf das Dichtungssprechen an, wie im folgenden Kapitel gezeigt wird.

3.3.3 Umgang mit Stil und Strukturformen von Dichtung

Eine Form des Dichtungssprechens, die Ritter aus dem Prinzip des gestischen Sprechens entwickelt hat, ist das szenische Erzählen. Wie beim epischen Theater agiert der Sprecher *„aus einer Haltung heraus, die nicht identisch ist“* (11)[201] mit der im Text vorgegeben Haltung. Der Sprecher bezieht immer einen Standpunkt, er reflektiert über das zu Erzählende. Dabei orientiert sich der Stil nicht an literarischen Gattungen, sondern an *„Formen der Alltagskommunikation“* (ebd.) und enthält epische und dramatische Elemente. Die neue Bühnenfassung oder Sprechfassung einer literarischen Vorlage entsteht aus der Montage von erzählenden und figurendarstellenden Momenten, dem Wechsel zwischen vorgestellter Situation und realer Situation mit dem Publikum. Erreicht werden soll über diese Art der Umsetzung eines Textes die *„Überwindung des ‚rezitierenden Sprechens‘“* (ebd.) als einer bloßen *„‚Wiederherstellung‘ des literarischen Textes durch den Sprecher“* (ebd.), das die Beziehung des Sprechers zum Text und den aktuellen Kontext, nämlich die Übermittlung des Sachverhaltes an andere, außen vor lässt. Des Weiteren soll das reine Vortragen überwunden werden, bei dem der Schwerpunkt mehr auf der Vermittlung und weniger auf der aktuellen rhetorischen Situation liegt. Zum dritten sieht Ritter im szenischen Sprechen die Möglichkeit, die Gattungspoetik des Epischen, Lyrischen oder Dramatischen als *„ausschließende Grenzmarkierung“* (12) zu überwinden. Dabei lässt sich der Sprecher in der Wahl des Sprechstils am ehesten von seinen Wirkungsabsichten leiten und weniger von literarischen Zuordnungen.

Der Erzähler, als jemand, der zwischen einem Vorfall, seinen Einstellungen dazu und den Zuhörenden vermittelt, bedient sich der unterschiedlichen Möglichkeiten des dramatischen, epischen und lyrischen Sprechens. Er kann in den unterschiedlichsten Rollen erzählen: als *„Betrachter, [...] Ankläger, Aggressor, der Überredende, Schwärmende, Schmeichelnde usw.“* (13)

[200] Ritter 2004, S. 187

[201] Zahlen in runden Klammern bezeichnen hier Seitenzahlen in: Ritter 1989a

Die Textvorlage spielt beim szenischen Erzählen eine untergeordnete Rolle. Sie wird *„zu einem Teilaspekt des Bedeutungsganzen“* (ebd.) und kann mal mehr, mal weniger nah am ursprünglichen Sinn orientiert sein. Ebenfalls möglich ist durch diese Art der Textaneignung, dass Texte *„ihren ablesbaren Sinn verlieren* [...] *oder* [...] *gewissermaßen umkippen in einen neuen Sinn“.* (ebd.)

> *Von einem solchen Grundgestus, der Haltung des Erzählers seiner Geschichte und den Zuhörern gegenüber, muss die jeweilige Realisierung des Textes durchzogen sein. Er bewirkt die Verankerung der Geschichte im aktuellen Moment.* (14)

Sowohl beim Dichtungssprechen als auch im Schauspiel geht Ritter, so schreibt er in *Wort und Wirklichkeit auf der Bühne,* von einer *„doppelten Anwesenheit“* (89)[202] des Künstlers aus. Es ist die Anwesenheit als Figur innerhalb eines szenischen Raumes und diejenige des Erzählers, der das Publikum mit diesem *„innerszenischen Raum“* (88) in Berührung bringt. In Anlehnung an Michael Tschechows drei *„Ich-Instanzen“* (92), richten sich die ästhetische Form und Stil einer Darstellung letztlich nach der *„Weite des Handlungsrahmens“*(93) die sich aus Erzählerhaltung, Publikumsbezug und eventueller Figurendarstellung ergeben. Auch wenn Ritter sich selbst als *„zwischen die Stühlen gesetzt“ (143)* bezeichnet, also zwischen *„Sprechkunst des Sprecherziehers und der Sprechkunst des Schauspielers“ (ebd.)* muss man das Szenische Erzählen doch dem Dichtungssprechen zuordnen. Für beide gilt: *„ Der Text muss von der Tatsache, dass er Literatur ist, erlöst werden, und zwar unter Beibehaltung und Entfaltung der Kraft, die aus seiner besonderen ‚künstlichen‘ Formung entsteht.“* (ebd.). Ritter setzte sich ausgiebig mit Hellmut Geißners Vorstellungen von Sprechkunst auseinander und nahm immer wieder Gegenpositionen ein, durch die das Andersartige seines ästhetischen Ansatzes sichtbar wird. So kommentierte er Geißners Vorgehensweise zur Interpretation von Goethes Gedicht ‚Über allen Gipfeln ist Ruh’ anhand einer Strukturanalyse[203] mit den Worten: *„wir beschäftigen uns mit Erscheinungen, die völlig losgelöst denkbar sind vom Sinn des Textes – also auch nicht zu ihm hinführen können.“*[204] Diese Vorgehensweise sei *„überlegte Bildzertrümmerung“*[205] und führe nicht zum Aufbau einer *„inneren*

[202] Zahlen in runden Klammern bezeichnen hier Seitenzahlen in: Ritter 1997
[203] Vgl. Geißner 1986, S. 165f
[204] Ritter 1984, S. 128
[205] Ebd.

Welt der Bilder"[206]. Der künstlerische Weg müsse zunächst über die Gesamtwahrnehmung des Textes gehen. Dass Ritter die Berücksichtigung der Formmerkmale wie Lautqualität, Rhythmus, Vers und Textgraphik nicht für unwichtig hält, belegen die ausführlichen Überlegungen dazu in seinem Lehr- und Arbeitsbuch *Sprechen auf der Bühne*[207]. Im Kapitel zum Umgang mit Rhythmus und Vers macht er allerdings deutlich, dass realistisches situatives Sprechen und eine metrisierte Textvorlage sich grundsätzlich zuwiderlaufen und deshalb mehr Arbeit erforderten. (Vgl.160)[208] Ein Vergleich der Prosafassung von Goethes *'Iphigenie'* mit der Hexameter-Fassung soll dies veranschaulichen. In der Römischen Fassung fügten sich die Verse zueinander wie *„Säulen zu einem Tempel"* (162) oder *„zu einem Gebäude, von Menschen gemacht"* (ebd.). Dagegen stünden die Prosa-Sätze zueinander wie *„Bäume zu einem Wald"* (ebd.), wirkten spontaner und weniger reflektiert. Ein zweiter Widerspruch sei derjenige zwischen metrischer Betonung und dem Sinnakzent eines Satzes. Hier müsse der Sprecher entscheiden, ob er dem Vers folge oder dem Sinn. Beides könne seinen eigenen *„ästhetischen Reiz"* (ebd.) haben.

Ritters Einwand gegen Geißners Vorgehen bezieht sich eher auf einen sezierenden oder funktionalisierenden Umgang mit Strukturmerkmalen, den er Geißner unterstellt:

> *Wie kann Lautvariabilität oder der Reimklang in einem Gedicht überhaupt sinnvoll zum Gegenstand ästhetischer Reflexion gemacht werden, wenn die Laute in ihrer eigenen Körperlichkeit, Sinnlichkeit, Ästhetik nicht erfahrbar werden, sondern nur in ihrer kommunikativen Funktion?*[209]

Der Umgang mit den Stilelementen eines Textes ergibt sich für Ritter aus der jeweiligen künstlerischen Situation. Die Strukturelemente werden nicht marginalisiert, aber der künstlerischen Freiheit untergeordnet. Es wird erkennbar, dass Ritter die Kenntnis der metrischen und poetischen Merkmale voraussetzt und dass eine Entscheidung für oder gegen deren Berücksichtigung immer in der Auseinandersetzung mit ihnen geschieht.

---

206 Ebd., S. 133
207 Ritter 2009
208 Zahlen in runden Klammern bezeichnen hier Seitenzahlen in: Ritter 2009
209 Ritter 1984, S. 127

3.3.4 Haltung des Sprechers zu Rolle, Text und Publikum

Verschiedene *„Problemfelder“* (57)[210] beim Erschließen literarischer Texte können für Ritter über die Frage nach dem gestischen Gehalt angegangen werden: *„das Verhältnis der Figuren zueinander* [...] *das Verhältnis Sprecher/Text“* (ebd.) indem der Sprecher z.B. eine *„stabile Grundhaltung“* (ebd.) einnimmt, die seiner eigenen persönlichen Erfahrungswelt entstammt. Des Weiteren *„das Verhältnis von innerer und äußerer Haltung des Sprechers“* (ebd.), hier entscheidet der Sprecher, welche Gesten er deutlich ausagiert, was eher verdeckt bleibt oder nur fein durchscheinen soll. Manches enthülle sich nur über Blicke oder durch die unterschiedliche Intensität der Artikulation. Und schließlich das *„Verhältnis Sprecher/Publikum“* (ebd.), indem der Sprecher mal als er selbst, mal in der Rolle agiere, darüber hinaus die Art des Mitteilens, die sich unter anderem aus der Art der Veranstaltung und der Zusammensetzung des Publikums ergibt. Aus allen gestischen Bereichen zusammen entsteht die ästhetische Form. Das Komponieren dieser gestischen Momente, das Spiel mit ihren *„wechselseitigen Überlagerungen“* sei *„der eigentliche Arbeitsgegenstand bei der Entwicklung von gestischem Sprechen.“* (ebd.)
Über ein ausführliches körperliches Ausagieren dessen, was sich an gestischem Material im Text befindet, wird dem Gestus zunächst nachgespürt. Nacheinander werden alle Schichten eines Textes untersucht, indem sie nach außen sichtbar gemacht werden. Das Ausagieren ist für Ritter ein Verfahren, *„um der gestischen Substanz auf die Spur zu kommen“* (55). Durch die körperliche Bewegung werden innere Bewegungen und Vorgänge nach außen verlegt. Sie sollen damit offengelegt und *„bearbeitbar“* (ebd.) gemacht werden. In einem weiteren Schritt wird die Bewegung wieder nach innen genommen. Der Sprecher kann nun auswählen, welche gestischen Momente er über Gesten oder gestisch gefärbtes Verhalten für den Zuschauer sichtbar macht und welche er nur über die Sprache und ihre prosodischen bzw. suprasegmentalen Elemente vermittelt.
Es zeigt sich die Wichtigkeit, die Ritter der eigenen Produktivität des Sprechers beimisst. Er betont das *„Partnerschaftliche von Autor und Sprecher und das gleichberechtigte Ineinandergreifen unterschiedlicher künstlerischer Aussage- und Wirkensmöglichkeiten.“*[211] Dazu gehöre auch eine *„Vereindeutigung der Haltung des*

---

[210] Zahlen in runden Klammern bezeichnen hier Seitenzahlen in: Ritter 1989a
[211] Ritter 1984, S. 134

Produzenten zu seinem Text"[212], wo dies nicht geschähe, bliebe der Text *„in einem literarischen Reservat – scheinbar objektiv, in Wirklichkeit leblos und lebensleer."*[213]

3.3.5 Vom Wort zur Tat

Für Ritter ist der Gestus nicht Mittel sondern eigentlicher Ursprung der menschlichen Äußerung, ein innerer Impuls, der sich über Mimik, Gestik und Sprache seinen Weg zum Ausdruck sucht. Insofern ist die Wortsprache nur *ein* Mittel, durch welches *„ein inneres Ereignis der Vorstellungen und Gedanken"* (11)[214] nach außen wahrnehmbar wird. Gleichzeitig ist die Sprache ein *„Werkzeug des Handelns"*[215], mit dem der Mensch in die Außenwelt wirkt. Im Theater oder beim Dichtungssprechen ergibt sich eine besondere Problematik daraus, dass nicht ein eigener Sprechimpuls, sondern eine Literaturvorlage in sinnlich Wahrnehmbares umgesetzt werden muss. Dieses Umsetzen kann, laut Ritter, schon beim Schauspiel nicht eine Frage *„der Inszenierung von Bühnenereignissen"* (10) bleiben. Es genügt nicht, den Text in situative Ereignisse zu verwandeln. Auch das Wort selbst muss *„übersetzt"* (11) werden. Das heißt, es muss sich in ihm, wie in allem Bühnengeschehen, die Gesamtsituation aussprechen (Vgl. ebd.). In gesteigertem Maße gilt dies für das Dichtungssprechen, bei dem keine äußeren Mittel zur Verfügung stehen, keine oder wenig Handlung die Situation erläutern. Hier bleibt als einzige Handlung das Sprechen übrig.

Denken (und Vorstellen), Sprechen und Handeln, ursprünglich *„drei ganz verschiedenen Qualitäten im Verhältnis des Menschen zur Wirklichkeit"* (12) sind in der Sprache unlöslich verbunden und *„'bearbeiten' sich wechselseitig"* (ebd.).

> *Die Schrittfolge ,Wort-Sinn-Kraft-Tat', die Faust in dieser Annährung an den Begriff des ,Logos' geht, verweist nicht nur auf den verborgenen Ursprung der Sprache und des Sprechens, sie weist auch den Schauspieler zurück an den Punkt, von dem aus er [...] zum Sprechen ansetzen muss und an dem schließlich auch das von ihm im Text vorgefundene Wort entsteht.* (13)

Ritter fügt für das Bühnensprechen diesem Weg - in vier Schritten vom Wort zur Tat - einen fünften hinzu, der aus dem *„stummen Umraum"* (ebd.) des Vorsprachli-

[212] Ebd., S 133
[213] Ebd., S. 134
[214] Zahlen in runden Klammern bezeichnen hier Seitenzahlen in: Ritter 2009
[215] Ritter 1989b, S. 140

chen zurück zum Wort führt und einen *„neuen Zugriff auf das Wort"* (ebd.) ermöglicht:

> *Erst in einem doppelten Durchgehen dieses vorgezeichneten Weges – in der Entfernung vom vorgefundenen Wort, dem Vorstoß in den ‚stummen Umraum', und dem erneuten Zugriff aus diesem Raum heraus – gewinnt das Wort die ‚Kraft der Tat', durchpulst vom ‚Sinn', oder wird selbst zur ‚Tat'.* (ebd.)

Daraus resultierend ist die Arbeit an der Sprache für Ritter *„eine sich immer wiederholende Suche nach dem Ort* [...], *an dem diese Worte entstehen"* (ebd.). Nur so ließe sich die sprachliche Äußerung als *„Teil des körperlichen Verhaltens in unterschiedlichsten Situationen"* (ebd.) erkennen und einsetzen.

3.3.6 Verständnis von Sprache und Einzellaut

Anknüpfend an Humboldts Sprachverständnis, der das Sprechen mit dem Begriff der „Energeia"[216] in Zusammenhang bringt, also den produzierenden, prozessualen Charakter der Sprache in den Vordergrund rückt, ist die Sprechhandlung des Sprechers oder Schauspielers für Ritter ein wichtiger Faktor seiner Präsenz auf der Bühne. Er bezeichnet das Bühnensprechen als Kontakthandlung, indem Menschen sich untereinander über den Laut *„berühren"* (69)[217]. Dabei wird erwartet, dass der Künstler in Bezug auf die elementare Sprechbildung richtig spricht, zugleich soll er im Ausdruck aber natürlich, also ungekünstelt sein. Hier entstehe eine Diskrepanz, die im Schauspiel häufig zugunsten der Natürlichkeit entschieden werde, was zur Folge habe, dass der Schauspieler in der Sprache weniger präsent sei als im körperlichen Ausdruck und der Handlung. Versteht man die Sprache als *„Aus-Sprache"* (72) insofern, als etwas Inneres nach außen gebracht und damit sinnlich wahrnehmbar gemacht werden soll, also als *„'Verkörperung' im ‚Wort-laut'"* (ebd.), so muss die Sprache auf der Bühne, Ritters Auffassung nach, einen anderen Stellenwert bekommen.

Er spricht sich dafür aus, dass der Sprecher sich das Medium Sprache als künstlerisches Mittel unbefangen und neu erschließen solle. Erforderlich sei ein neues Bewusstsein für den Zusammenhang zwischen *„Laut und Bedeutung als der Innen-*

[216] Humboldt 1836, S. 41
[217] Zahlen in runden Klammern bezeichnen hier Seitenzahlen in: Ritter 1997

und Außenseite von Sprache„ (ebd.) und den Zusammenhang von *„Körperspannung, Klang und Zeichenhaftigkeit“* (ebd.).

Sprache könne in der Sprechbildung weder rein technisch behandelt, noch rein als kommunikative Funktion betrachtet werden. Vielmehr sei jedes Element immer als in sich abgeschlossener Teil, als *„komplexe Einheit“* (73) zu behandeln,

> *die den ganzen Menschen erfasst: seine Körperlichkeit und Sinnlichkeit, die sich im Klang äußert, die psychischen Prozesse, die sich als Sinn bündeln, und die Zielgerichtetheit seines Handelns, die sich als Kommunikation verwirklicht.* (ebd.)

In diesem Sinne ist Sprechen als Teil des Verkörperns zu betrachten, in dem sich Situation, Erlebnis und Gestus dem Zuschauer sinnlich offenbaren. Erzeugt und ermöglicht wird die Verkörperung innerhalb der Sprache durch das Wort und den Laut. Versteht man somit Sprache als eine Möglichkeit, einen *„psychische*[n] *Impuls“* (75) nach außen zu tragen, so entstehen Laut und Wort immer in Verbindung mit dem Erlebnis und innerhalb der gleichen körperlichen Spannung. Der gleiche innere Impuls kann einmal als Handlung, einmal als Geste und einmal als Sprechhandlung in Erscheinung treten. Man könnte es auch so verstehen, dass eine Geste oder ein Wort bzw. Satz stellvertretend für eine Handlung vollzogen werden. Die Sprache enthält dann in verwandelter Form den gleichen Impuls, die gleiche Intention, die gleiche Energie, die eine Handlung gehabt hätte. (Vgl. 74) Ritter bezieht diesen Gedanken vor allem auf den zwischenmenschlichen Kontakt. Hier konkretisiert sich das Verständnis von Sprache als Handlung noch einmal deutlich. So, wie jede Handlung auf der Bühne einen inneren Gestus innehaben muss, der sich nach außen hin im „Wie“ des Handelns manifestiert, ist es auch für die Sprachbehandlung erforderlich, dass sie nicht nur durch Inhalt und Tonfall, sondern bis in die Lautbehandlung hinein den entsprechenden Gestus enthält und in Erscheinung bringt. Ritter bezieht den Begriff des Gestus hier auch auf den einzelnen Laut, bzw. auf die unterschiedlichen Qualitäten der Laute, die zugleich unterschiedliche Kontaktmöglichkeiten in sich tragen. In der Qualität des Lautes, der in gewisser Weise als eine bestimmte Art der Selbstberührung angesehen werden kann, zeigt sich die Qualität der intendierten, aber nicht manuell ausgeführten Berührung ersatzweise:

> *Auch die Momente der ursprünglich intendierten Kontakthandlung bleiben in der besonderen Qualität des Kontakts, den der Körper in der Artikulation des Lauts* [...] *mit sich selbst aufnimmt, erhalten.* (ebd.)

Betrachtet man das Sprechen als Ereignis, an dem immer der ganze Körper in unterschiedlichsten Spannungsverhältnissen beteiligt ist, so lässt sich dies im Sinne Ritters bis in die Mikrobewegungen der Artikulation verfolgen. Jeder Laut hat eine eigene *„Aktionstendenz"* (ebd.) und wird durch einen besonderen *„(emotionalen) Impuls"* (ebd.) ausgelöst. Diesen aufzusuchen und in eine ganzkörperliche Aktion überzuführen, führt zu einem verstärkten Bewusstsein *„des Zusammenhangs und Zusammenspiels zwischen artikulatorischen Spannungen und Körperspannungen"* (ebd.), zu einer Sensibilisierung für die Aktionstendenz der Sprachlaute selber und letztlich zu dem

> *Erlebnis einer Einheit, zu welcher Körperspannung, Artikulationsbewegung und Klang in dieser Aktion, dieser ‚Lautgeste' oder ‚Lautgebärde' finden.* (75)

Weiterhin soll das Ausagieren der Lautgeste auch zur *„Rückbindung dieser Einheit an den emotionalen und gedanklichen Impuls"* (ebd.) führen, von dem sie ursprünglich ausgegangen war. Ritter beruft sich beim Entwickeln der körperlich bewegten *„Lautgeste oder Lautgebärde"* (ebd.) auf ähnliche Untersuchungen bei Brecht und Stanislawski, in Bezug auf das Erfahrbar-machen innerer Erlebnisqualitäten durch die Verlagerung und Veräußerlichung in eine Körperbewegung auf Michael Tschechow (Vgl. 77) und dessen Übungen zur Körperschulung mittels verschiedener Bewegungsqualitäten.[218] Indem Ritter Tschechows Übung für die formende, modellierende Bewegung besonders herausgreift, wird der *„Formcharakter der Lautgeste"* (ebd.) des Lautes explizit hervorgehoben. Und wie eine äußere Form nur entsteht, wenn die formende Bewegung auf einen Widerstand trifft (bei Tschechow über das Vorstellungsbild eines Bildhauers, der den Raum plastiziert), so entsteht der Laut nur über den Widerstand, den die Artikulationsbewegung als Verengung dem Atemstrom entgegensetzt. Wie beim Ausagieren des Gestus ist auch die körperlich im Raum vollzogenen Lautgeste nur *„Durchgangsstadium"* (79), also methodisches Mittel, um die dem Laut oder der Lautfolge innewohnende Energie bzw. Spannungstendenz kennenzulernen. Im Weiteren wird diese Energie umgeleitet in den Artikulationsvorgang. Explizit in Übereinstimmung mit Steiner sieht sich Ritter in der *"Vorstellung, dass im Sprechen und in den Lauten ein Bewegungsmoment lebt, das sich in einer Geste entfalten kann" (78)*. Ebenfalls verwandt seiner eigenen Auffas-

---

[218] Ritter bezieht sich auf vier von Tschechow genannte Bewegungsqualitäten, die mit den 4 Lautgruppen Steiners (siehe Kap 3.2.7) korrespondieren.

sung erlebt Ritter die Formulierung Steiners, dass der Laut aus einer inneren Gebärde entstanden sei. Im Laut läge also *„der Keim einer Gebärde"(79).* Allerdings liegt Ritters Augenmerk weniger auf der *„'darstellenden' Funktion der Sprache, als mehr auf der Qualität des Kontakts" (78).* Sinn und dominierender Gestus ergäbe sich aber nicht allein aus der Lautqualität, sondern aus dem Zusammenspiel der Laute mit dem inhaltlichen Gestus:

> *Die Lautqualität relativiert und wandelt sich also mit dem Sinn und durch ihn, aber nur wenn ich die Laute in ihrer besonderen Ausdrucksqualität und ,Spannweite' kenne. (82)*

Sei dies der Fall, so könne der Sprecher die Laute zu *„Stützpunkten situativer, emotionaler und gestischer Prozesse machen".* (ebd.)

3.3.7 Elementare Arbeit mit dem Körper

Grundlage für Ritters methodisches Vorgehen ist das von Tschechow formulierte Diktum, dass alle körperliche Arbeit für das Sprechen und Schauspielern durch situative Bilder und emotionale Situationen motiviert sein solle.[219]

Als weitere Grundsätze nennt Ritter,

- dass komplexe Vorgänge in einfache aufgelöst werden, die in sich wieder eine geschlossenen Ganzheit bilden,
- dass alle Vorgänge als antagonistisches Kräftespiel aufgefasst werden,
- dass alle inneren Bewegungen nach außen verlegt und in Gesten verwandelt werden,
- dass alle Vorgänge als kommunikativ angesehen werden.[220]

Der Übungsaufbau beginnt mit einer Lockerung des Körpers, wodurch die Durchlässigkeit für innere Impulse geschaffen werden soll. Es folgen dann Übungen, die die Atembewegungen in den Focus nehmen. Dabei wird das Empfinden für die natürliche Korrespondenz von Körperbewegung und Atemintensität geschult. Ein– und Ausatmung, als ganz unterschiedliche Qualitäten im Zusammenhang mit der körperlichen Aktion, werden in verschiedenen Handlungen und Situationen erforscht. Außerdem gibt es Übungen zur Atemspannung.[221]

Zur Arbeit an Sprache und Artikulation beschreibt Ritter verschiedene Körperübungen, die gleichzeitig mit dem Sprechen geübt werden, um die spezifische Qualität

---

[219] Vgl. Ritter 2009, S. 20
[220] Vgl. Ebd.
[221] Vgl. Ebd., S. 26f

einer Sprechhandlung erlebbar zu machen. Hierzu gehören das Werfen und Fangen von Bällen und Stäben oder Wurfbewegungen mit vorgestelltem Diskus, Speer oder Pfeil. Auch Kampfbewegungen wie Fechten oder Boxen sollen die spezifische Körperspannung eines Textes hervorrufen. (Vgl. 83f)[222] Um bestimmte gestische Momente erfahrbar zu machen, werden bildliche Vorstellungen umgesetzt wie *„einen Satz durch ein Nadelöhr fädeln"* (84) oder *„Worte wie Perlen in eine Flasche füllen"* (84). Ritter geht es dabei um die Genauigkeit und die Ausdrucksqualität der Sprache, die mit der *„Genauigkeit der ‚körperlichen Aktion'"* (82), der *„Genauigkeit der Vorstellung"* (83) und der *„Genauigkeit des Blicks auf ein Gegenüber* [...] *als Merkmal für die Dichte einer Beziehung"* (ebd.) in Einklang stehen soll. Auf diese Weise soll die Artikulation zur *„klanglich-plastischen Äußerung eines inneren Bildes"* (86) werden und damit die *„feinste Form der ‚Verkörperung' überhaupt"* (ebd.).

Auch wenn Ritters Lehrbuch in erster Linie für die Schauspielausbildung geschrieben und die Übungen in diesem Kontext entwickelt wurden, lässt sich Vieles auf den Umgang mit Dichtung übertragen. Die Übungen zielen darauf hin, Laute, Worte und Sätze so mit gestischen Aktionen in Beziehung zu bringen, dass Sprache und Handlung als unterschiedliche Aktionsmöglichkeiten ein- und desselben Impulses erlebbar werden. Dies führt zu der angestrebten Präsenz innerhalb des sprachlichen Ausdrucks. Besonders interessant für eine Anwendung auf das Dichtungssprechen sind, neben den Lautgesten, Übungen zur musikalischen und rhythmischen Qualität der Sprache. Metrische Erscheinungen eines Textes werden z.B. durch Tanzschritte erfahrbar gemacht,[223] die Verszeile durch Wege mit Wendungen in ihrer inneren Spannung studiert und erlaufen.[224] Ritter geht es dabei um das Auffinden des *„emotionellen Grundes"* durch die Metrik und den Versaufbau:

> *sowohl in dem Sinn, dass die rhythmische Bewegung des Verses und die Auseinandersetzung des Gedankens mit ihr zugleich die ‚emotionelle' Form der Sprechweise erzeugt, als auch in dem Sinn, dass in der rhythmischen Bewegung des Verses und seines ruhigen oder unruhigen Pulsschlages schon vorab der ‚emotionelle Grund' einer Äußerung angelegt ist.*[225]

[222] Zahlen in runden Klammern bezeichnen hier Seitenzahlen in: Ritter 1997
[223] Vgl. Ritter 2009, S. 153
[224] Ebd., S. 154
[225] Ebd., S. 171

Als wesentliche Unterschiede seiner Methode zur *„klassischen“*[226] Sprecherziehung nennt Ritter unter anderem den Umgang mit dem Atem und die Arbeit mit Einzellauten und *„ihrer jeweils besonderen Energie-und Kontaktqualität“*[227].

[226] Ebd., S. 311
[227] Ebd., S. 312

4. Vergleich der Ansätze in einzelnen Aspekten

4.1 Einleitung

Es konnte gezeigt werden, dass beide Ansätze ganz grundsätzlich vom Sprechen als einem sehr differenziert zu betrachtenden gesamtkörperlichen Vorgang ausgehen, dessen Ursprung und Motivierung in einer inneren Bewegung anzusiedeln ist. Dieser Impuls führt entweder zu einer Handlung oder aber zu gebärdenhaftem oder gestischem Ausdruck, der verbal oder nonverbal sein kann. In beiden Ansätzen ist es dieser Impuls, der auch den Atem ergreift. Sowohl Ritter als auch Steiner tragen diesem Umstand Rechnung, indem sie in ihre Methoden Körperübungen einbeziehen, die Bewegungs- und Atemansatz bewusst machen und die Verbindung zueinander schulen.

Sowohl Ritter als auch Steiner schreiben dem vorsprachlichen inneren Impuls eine große Bedeutung zu. Methodisch finden sich Übereinstimmungen in Bezug auf das Auffinden und Verstärken dieser inneren Gesten durch die vergrößerte körperliche Aktion. Dass dem einzelnen Laut etwas Gestisches zugrunde liegt, das unabhängig von der Haltung des Sprechers oder der Figur, auch unabhängig vom Inhalt des Textes existiert, konnte für beide Ansätze aufgezeigt werden. In einer Gegenüberstellung wird im Folgenden zu klären sein, ob in beiden Fällen mit dem Begriff des Gestus oder der Gebärde das jeweils Gleiche gemeint ist.

Bedeutende Unterschiede scheinen in Bezug auf die Haltung zum Text zu bestehen. Dieser wird bei Steiner in höherem Maße als eigenständiges Kunstwerk angesehen, während Ritter dem Text - gegenüber den Intentionen des Sprechers – scheinbar eine eher untergeordnete Rolle zuweist. Ebenso untergeordnet wird bei Ritter der Sprechstil in Bezug auf gattungspoetische Merkmale des Textes. Diese könnten nur dann berücksichtigt werden, wenn sie der angestrebten Verlebendigung des Textes als Lebensäußerung und der Wirkungsabsicht des Sprechers nicht entgegenstünden. Bei Steiner finden wir die Forderung, den Sprechstil an die Anforderungen des Textes anzupassen. Begründet wird dies, wie in Kapitel 3.2.7. und 3.2.8 ausgeführt, mit der Idee, dass gute Dichtung wie eine Ursprache oder Urpoesie anzusehen sei, bei der die sprachliche Form den geistigen Gehalt sinnlich erfahrbar machen könne. Hinzu kommt, dass Steiner die Wirksamkeit von gesprochener Dichtung über den emotionalen oder gedanklichen Gehalt hinaus noch auf einer anderen Ebene sieht, nämlich auf der physiologischen. Körperbezogenheit bedeutet hier, dass Wirkungen gesprochener Dichtung als Resonanzphänomen beobachtet und berücksichtigt werden können. Dies gibt der ästhetischen Formung der Dichtersprache eine besonderes Bedeutung und der Verwirklichung dieser Form besonderes Gewicht.

Während Ritter die Intentionen des Sprechers und dessen persönlichen Erlebnisse und Gefühle als einzig mögliche Ausgangsposition für die künstlerische Gestaltung einer dichterischen Vorlage ansieht, [228] unterstellt Steiner ähnlich wie Tschechow, die Möglichkeit, dass der Künstler seine eigene Persönlichkeit zugunsten einer überpersönlichen Darstellung zurückstellen kann. Wendet man die Begriffe des Bühler'schen Organon-Modells[229] auf die kommunikative Situation des Dichtungssprechens an, so scheint bei Steiner, vom Sprecher aus gesehen, die Darstellungsfunktion der Sprache auch im paraverbalen Bereich ein stärkeres Gewicht zu haben, während Ritter Ausdruck und Appell in den Vordergrund stellt.

Um die scheinbar vorhandene Nähe beider Konzepte, aber auch die bisher festgestellten Unterschiede genauer untersuchen zu können, sollen im Folgenden einzelne Aspekte direkt miteinander verglichen werden.

Zunächst folgt eine Gegenüberstellung des Gestus- bzw. Gebärdenbegriffes bei Ritter und Steiner. Ein weiterer Vergleich nimmt die Einstellungen zur Sprache insgesamt und zu den lautlichen Zeichen näher in den Blick. Im Hinblick auf die Erarbeitung und Präsentation literarischer Texte soll die jeweilige Gewichtung innerhalb der Parameter Sprecherhaltung und Werkbezug beleuchtet werden.

4.2 Der Gebärden bzw. Gestusbegriff

Weder Hans Martin Ritter noch Rudolf Steiner machen in ihren Ausführungen einen grundsätzlichen Unterschied zwischen den Begriffen ‚Gebärde' und ‚Geste'. Im Interview danach befragt, beschreibt Ritter zwar den von ihm empfundenen feinen qualitativen Unterschied, indem er das Wort ‚Geste' als mehr an den Körper gebunden betrachtet, während er ‚Gebärde' als größer und über den Körper hinausgehend erlebt, doch bestätigt er, dass er die Begriffe synonym anwendet.[230] Ähnlich wie bei Brecht ist mit Geste, Gestus oder Gebärde in Bezug auf das ästhetische Konzept nicht ein äußerliches Gestikulieren gemeint. Vielmehr verstehen sowohl Ritter als auch Steiner darunter eine innere Bewegung, die über den Körperaus-

[228] Vgl. Anhang S.103
[229] Vgl. Bühler 1999, S. 28
[230] Vgl. Anhang S.112

druck, die körperliche Geste und über die paraverbalen Elemente der Sprache in Erscheinung tritt. Trotzdem finden sich bei beiden auch Formulierungen, in denen das Wort ‚Geste' oder ‚Gebärde' im Sinne des Gestikulierens verwendet wird. Ritter bezieht sich bei seiner Definition der Begriffe Gestus und Geste explizit auf Brecht, verwendet aber häufig auch den Begriff Gebärde. Gemeint sind bei Ritter immer Einstellungen oder Haltungen zu etwas, die in Handlung und Sprache durchscheinen. In Anlehnung an Brecht ist im Gestus oder der Geste, auch der Gebärde, immer der kommunikative Aspekt mit enthalten und hat auf der Bühne die Funktion eines Signals für diese Haltungen inne.[231] Gebärde ist insofern bei Ritter vor allem als ‚Ausdruck des Seelischen' zu verstehen.

Steiner bezeichnet mit Gebärde ebenfalls eine Ausdrucksbewegung für einen emotionalen Zustand wie Freude, Trauer, Furcht usw., hier besteht Übereinstimmung mit Ritter. Darüber hinaus versteht Steiner darunter die menschliche Eigenart, über das abtastende oder mitbewegende Nachvollziehen einer äußeren Form oder einer äußeren Bewegung das Wesen einer Sache zu erfassen, um es in einem weiteren Schritt zum Denkinhalt machen zu können. Dies bedeutet, dass die innerlich vollzogene Gebärde zunächst noch keine kommunikative, sondern einfühlende Funktion hat. Sie verarbeitet zunächst einen von außen einströmenden Eindruck über eine innermuskuläre Bewegung. Über diese Bewegung kommt es zu einer feinen Empfindung, die als seelische Regung bezeichnet werden könnte. Diese Empfindung muss noch keine deutliche emotionale Positionierung sein.

Der von Steiner unterstellte Vorgang des Nachgebärdens oder Abtastens der äußeren Welt findet seine Fortsetzung in der malenden oder beschreibenden Gebärde. Das Beschreiben von gestisch nachempfundenen Verhältnissen findet sowohl über die äußere Gestik als auch über den sprachlichen Laut und das Wort statt.

Steiner bezeichnet also sowohl die innere Haltung oder seelische Geste, als auch die Äußerliches beschreibende verbale oder nonverbale Handlung als Gebärde.

4.3 Auffassungen zur Sprache und zum Einzellaut

Hinsichtlich ihrer Haltung zur gesprochenen Sprache finden sich viele Gemeinsamkeiten. Bereits erwähnt wurde die bei beiden erkennbare Überzeugung, dass das Sprechen ein ganzkörperlicher Vorgang sei, der nicht nur Sinn übermittle, sondern zugleich als willentliche Handlung zu verstehen sei. Steiner verweist in seinen Vor-

[231] Vgl. Ritter 1989b, S. 140

trägen zur Sprechkunst darauf, dass durch das Auffinden und Hörbarmachen der Gebärde der Empfindungs- und Willensaspekt der Sprache wieder in Erscheinung treten kann. Dies korrespondiert mit der in Kapitel 3.3.5 aufgezeigten Position Ritters, dass der Ursprung des Sprechens ein aus der Empfindung entspringender Handlungsimpuls sei. Denken, Sprechen und Handeln seien in der Sprache unlöslich miteinander verbunden, stünden in einem intensiven Wechselverhältnis und *„bearbeiten sich wechselseitig"*[232]. Ritter beschreibt den Prozess der Textaneignung als

> *Entfernung vom vorgefundenen Wort, dem Vorstoß in seinen ‚stummen Umraum', und dem erneuten Zugriff aus diesem Raum heraus.* [233]

Dadurch kann das Wort an den eigenen empfindungsgetragenen Willensimpuls des Sprechers angebunden werden kann. Dies entspricht den Intentionen Steiners, wenn er empfiehlt, einen Text zunächst stumm zu gebärden *„und dann erst das Wort an die Gebärde anzuknüpfen"*[234]. Die Folgerung Ritters, wenn der Sprecher dies vollziehe, bekäme *„das Wort die ‚Kraft der Tat', durchpulst vom ‚Sinn', oder wird selbst zur ‚Tat'"*[235], erinnert stark an Steiners Formulierung, in der Gebärde lebe eine *„vom Gefühl durchdrungene Willensoffenbarung des Menschen"*[236], die durch das -als Gebärde begriffene- Wort wieder hervorgebracht werden könne.
Übereinstimmungen lassen sich auch bei den Vorstellungen zur evolutionären Sprachentstehung und dem gestischen Charakter des Einzellautes finden. Wie Steiner hält Ritter wenig von Vorstellungen, die einen einzigen Aspekt der Sprache als Auslöser für ihre Entstehung zugrunde legen. Die dem Arbitraritätsprinzip zugrunde liegende Vorstellung, Worte und lautliche Zeichen seien einstmals willkürlich festgelegt und dann weiterverbreitet worden, hält er für unwahrscheinlich.[237]

> *Insofern bin ich durchaus der Meinung, dass die Sprache aus Aktionen, aus Haltungen, aus der Konfrontation mit Dingen, mit einem Gegenüber entstanden und nicht intellektuell erdacht worden ist – allerdings vielleicht in Ritualen weiterentwickelt wurde.*[238]

---

[232] Ritter 2009, S. 12
[233] Ebd., S. 13
[234] Steiner 1981, S. 82
[235] Ritter 2009, S. 13
[236] Steiner et al. 1983, S. 216
[237] Vgl. Anhang S.109f
[238] Ebd. S.110

Der Vorstellung einer Willkürlichkeit der lautlichen Zeichen widerspräche die zumindest innerhalb der Poetik anerkannte lautmalerische oder onomatopoetische Qualität der Laute. Die Lautqualität von Literatur und Poesie seien bei solchen Vorstellungen *„Schall und Rauch“.*[239]

Den Ursprung poetischer und metrischer Erscheinungen wie z.B. der Alliteration sieht Ritter zusätzlich in rituellen Handlungen:

> *Die Alliteration oder die Stabreimdichtung oder der Versfuß und so weiter* [...] *natürlich, sie sind auch* [...] *arrangierte Formen. Aber letzten Endes, der Ursprung ist noch etwas anderes: da sind körperliche Bewegungsformen und Tänze oder musikalische Momente involviert.*[240]

Eine ganz ähnliche Vorstellung findet sich bei Steiner in Bezug auf die nordische Stabreimdichtung:

> *Wenn sie nicht in äußeren Taten leben konnten, die nordisch-germanischen Völker, hielten sie den Drang, Trieb, Impuls der äußeren Taten an und bewegten sich dichterisch auf den Wogen der nach auswärts strömenden Willensimpulse. Das lebt in dem sich immerfort wiederholenden Konsonantierenden der Alliteration. Darinnen lebt das Willenselement, dasjenige, was den Atem, den ganzen Leib durchströmt.*[241]

Worte und poetische Formen haben also bei beiden Ansätzen den Charakter von Taten, die auf eine andere Ebene transformiert wurden, indem sie zu sprachlichem oder dichterischem Ausdruck wurden.

Auch in der Frage nach dem Charakter des Einzellautes lassen sich Übereinstimmungen finden. Bei differenzierter Betrachtung sind jedoch auch Unterschiede erkennbar.

Wie in Kapitel 3.3.6 beschrieben, arbeitet Ritter mit dem Begriff der Lautgeste. Laut und Bedeutung stehen zueinander wie *„Innen- und Außenseite von Sprache“* (72)[242]. Da im künstlerischen Gestalten jedes Element in sich als *„komplexe Einheit“ (73)* zu bearbeiten sei, die *„den ganzen Menschen erfasst“ (ebd.),* müsse auch der einzelne Laut als kleinstes Element der Sprache in seinen Formqualitäten einbezogen werden. Ritter schreibt den Lauten durchaus allgemein nachvollziehbare Quali-

---

[239] Ebd.
[240] Ebd.
[241] Steiner et al. 1967, S. 50
[242] Zahlen in runden Klammern bezeichnen hier Seitenzahlen in: Ritter 1997

täten zu.[243] Was ihn dabei am meisten interessiert, ist die Kontaktqualität des Lautes, die *„Momente der ursprünglich intendierte Kontakthandlung“* (74) in sich tragen. Die *„Lautgeste oder Lautgebärde“* (75) ist bei Ritter ein durch große körperliche Bewegungen vollzogenes Ausagieren der *„Aktionstendenz“* (76) eines Lautes. Diese Aktionstendenzen äußern sich für Ritter in unterschiedlichen Bewegungen:

> *Beispielsweise bekommt die Lautgeste ‚ss' ihre besondere Eigentümlichkeit durch die Korrespondenz der Zungenspitze mit den Fingerspitzen* [...] *‚schlangenartig', entsprechend dem Weg des Luftstroms* [...] *schnellt sie vor.* [...] *Bei den Explosiva ‚p', ‚t', ‚k' werden federnde Wurf-, Schleuder- und Stoßbewegungen* [...] *bei den Nasalen ‚m','n', ‚ng' unterschiedliche Arten der Berührung* [...] [ausgeführt] *den unterschiedlichen Kontakttendenzen der Lippe, der Zungenspitze* [...] *mit dem ganzen Körper nachspürend.* (76)

Diese Beschreibungen sind nicht weit entfernt von Steiners Beschreibungen zu den Konsonanten:

> *Das m ist also das Ausdrücken dessen: Es steht im Einklange, es stimmt. Es schmiegt sich an, es stimmt, wie das ‚m' am Ende des Wortes ‚Leim'.*[244]
> *Man kann sagen, das Erlebnis des s-Lautes hängt zusammen mit denjenigen Empfindungen, welche man in Urzeiten der Menschheitsentwickelung für das Schlangensymbol* [...] *gehabt hat.*[245]

Dass Ritter diese Beschreibungen aus dem Buch *Eurythmie als sichtbare Sprache* kennt, thematisiert er in *Wort und Wirklichkeit auf der Bühne* und fügt hinzu, welchen Unterschied er selbst zwischen seinen Lautgebärden und den von Steiner für die Eurythmie beschriebenen sieht:

> *Mir geht es jedoch nicht um eine besondere Form der ‚Tanzkunst'* [...] *die in festgelegten Gebärden ‚Symbole' findet für bestimmte Seinszustände oder Weltverhältnisse, wie sie den Sprachlauten im Sinne einer ‚Ursprache' a priori innewohnen mögen.* [...] *der Akzent liegt zunächst überhaupt weniger auf der ‚darstellenden' Funktion der Sprache als der Qualität des ‚Kontakts', die sich in der Qualität des Sprachlauts verwirklicht.* (78)

[243] Vgl. Anhang S.109
[244] Steiner 1990b, S. 72
[245] Ebd., S. 74

Ob Ritter mit dieser Interpretation der Eurythmie richtig liegt, sei dahingestellt. Deutlich wird, dass er zwar grundsätzlich den Sprachlauten einen darstellenden Charakter zugesteht, dass ihm dieser Charakter in seiner sprecherzieherischen Arbeit aber weniger interessant erscheint. Entscheidend ist für ihn als Zielrichtung des Übens mit Lautgesten, dass diese in differenzierter Weise die kommunikative Kontaktaufnahme mit dem Gegenüber oder einem Objekt anregen.

Anhand des von Steiner zur Veranschaulichung der Laut- bzw. Wortgebärde gewählten Wortes ‚Leim', lässt sich der Unterschied deutlich machen.

Der Gebärde des ‚L' schreibt Steiner einen wässrigen, wellenden, fließenden Charakter zu, er bezeichnet das ‚L' als Wellenlaut, dem wässrigen Element zugeordnet.[246] Gleichzeitig habe das ‚L' die Eigenschaft, Formen zu schaffen oder umzugestalten.[247] Das ‚ei' sei ein *„liebevolles Anschmiegen"* [248], das ‚m' habe die Tendenz, sympathisch auf alles einzugehen, *„die Form von allem"* [249] anzunehmen. Würde man den Bewegungsprozess, der sich aus diesen Charakterisierungen der Einzellaute ergibt, begrifflich fassen, so könnte man sagen: ‚Leim' beschreibt etwas Fließendes, Formendes, das sich anschmiegt und jegliche Form annehmen kann. Das Wort gebärdenhaft zu erleben statt es abstrakt aufzufassen, könnte in diesem Beispiel dazu führen, den sich fließend bewegenden und am Ende geformten Lautprozess nachzuvollziehen und zu einem sinnlichen Eindruck dessen zu kommen, was mit ‚Leim' ausgedrückt wird.

Es zeigt sich an diesem Beispiel, dass bei Steiner durch die Gebärde des Lautes sowohl die Konsistenz des Objektes (hier flüssig, formbar) als auch die Qualität des Kontakts (anschmiegen, formen, Form annehmen) beschrieben werden kann. Mit dem Attribut ‚liebevoll' beim ‚ei' kommt eine emotional empfundene, sympathisch zugewandte Geste des Vokals hinzu.

Bei der Suche nach ähnlichen Konkretisierungen der Lautgebärde bei Ritter lassen sich zu den Lauten ‚l' und ‚m' ebenfalls Beschreibungen finden. Hier geht es bei Ritter allerdings um die Entwicklung der Lautgeste anhand der körperlich vergrößerten Artikulationsbewegung:

> *Das ‚l' als klingender gleitender Laut birgt in der Art der Artikulation und in den beteiligten Organen einen zarten Widerspruch in sich. Die*

[246] Steiner 1981, S. 345
[247] Steiner 1990b, S. 68f
[248] Ebd., S. 69
[249] Ebd.

> *Zungenspitze rührt [...] an die Innenkante der Oberzähne [...] zugleich weichen die Zungenränder von den Zähnen und geben eine Lücke frei. Geht man diesem Widerspruch mit der Hand und dem Arm nach, so bekommen die Hand und der führende Zeigefinger eine deutliche Tendenz nach vorn, während der Ellbogen zur Seite ausweicht. Mit beiden Armen vollzogen, stellt sich in den Seiten der Körpermitte ein Weitegefühl ein. Zugleich wird der Körper [...] nach vorn ‚gezogen' – auf eine gehaltene Art zielgerichtet.*[250] *[...] Das ‚m' korrespondiert in der weichen Berührung beider Lippen mit den Berührungstendenzen der ganzen Innenhand: Mit weichem Druck beider Hände wird ein Körper umfaßt, mit einem crescendierenden und decrescendierenden Druck werden kleine Streichelbewegungen über ein weiches Fell geführt.*[251]

Leider fehlt eine Beschreibung für den Doppellaut ‚ei'. Auf das Wort ‚Leim' bezogen ließen sich Ritters Lautgesten vielleicht so beschreiben: Die Kontaktaufnahme geschieht gleitend, in einer gehaltenen aber zielgerichteten Vorwärtsbewegung, die sich zugleich in die Weite ausbreitet. Schließlich kommt es zum Anfassen oder Umfassen in weicher sympathischer Berührung.

Ritter selbst relativiert seine Einschränkung auf die Kontaktqualität des Lautes. Bezugnehmend auf das Buch seines Vaters, Heinz Ritter-Schaumburg, *Die Kraft der Sprache* - und dessen Grundgedanken zur Ursprache - schreibt er:

> *natürlich spielt in dieser Qualität des Kontakts ebenso das Dargestellte und die besondere Beziehung zu ihm eine Rolle, und entsprechend gibt es auch ‚verwandte' Gedanken wie diesen: ‚Laute entstehen aus verinnerlichten Gebärden'*[252]*, der auch umgekehrt gilt: In Lauten steckt der Keim einer Gebärde, und dieser lässt sich entfalten.* (78f)[253]

Entwickelt hat Ritter seine Lautgesten im Zusammenhang mit Tschechows ‚großen ausladenden Bewegungen'. Indem er die Laute als große Bewegungen ausführte, fand er heraus, dass die Laute *„unterschiedliche Aktionsbewegungen suggerieren"* [254], nämlich: *„raumöffnende, raumdurchstoßende oder durchschneidende, zielende, berührende, malende usw."*[255]

---

[250] Ritter 2009, S. 82f
[251] Ebd.,S 81
[252] Ritter zitiert aus: Ritter-Schaumburg 1985, S. 31
[253] Zahlen in runden Klammern bezeichnen hier Seitenzahlen in: Ritter 1997
[254] Anhang S.108
[255] Ebd.

Dabei betont Ritter, dass die Arbeit mit den Lautgesten keinen *„Eigenwert“* (79) habe, sondern als *„Durchgangsstadium“* (ebd.) für eine sprecherische Präsenz auf der Bühne zu verstehen sei. Dem widerspricht die Auffassung Steiners in gewisser Hinsicht. Zwar ist auch für ihn das körperliche Aufsuchen von Gebärden nur ein Mittel zur Erarbeitung eines Textes, gleichzeitig haben für Steiner Laute und Lautgebärden im gesprochenen Wort aber einen sehr hohen Eigenwert. Dies wird deutlich durch die Tatsache, dass mit der Laut – Eurythmie eine neue Körper-Ausdrucks-Kunst geschaffen wurde, die Steiner als *„sichtbare Sprache“*[256] bezeichnet. Steiner selbst beschreibt die Eurythmie nicht als Tanzkunst sondern als eine Bewegungskunst, die die sprachlichen oder gesanglichen Gebärden, die sich beim Sprechen oder Singen unsichtbar vollziehen, sichtbar macht. Die Eurythmie gehe damit näher an den Ursprung der Gebärde heran, als dies beim Singen oder Sprechen der Fall wäre, wo die Gebärde in Sprache oder Ton umgeleitet werde.

> *Man muß also das Singen und Sprechen in der Entstehung (im Status nascens) festhalten. Was man dadurch sinnlich-übersinnlich als Bewegungsmöglichkeit erfaßt, das überträgt man auf den ganzen Menschen.*[257]

Abgelauscht sind die Eurythmie-Gebärden, ähnlich wie die ausagierten Lautgesten bei Ritter, den Bewegungstendenzen des Kehlkopfs und der Artikulationsorgane während der Sprachproduktion.

Für das Dichtungssprechen gilt sowohl bei Steiner als auch bei Ritter, dass die Lautqualität nur *ein* Aspekt innerhalb einer gestalteten Schallform ist.

> *Und so unsinnig es wäre, die Lautqualität des Lautes an sich zu vernachlässigen, so unsinnig wäre es, Worte von der reinen Lautqualität her auszusprechen.* (81)

Bezüglich der Modifikation des Lautes und des Wortes durch die seelische Haltung oder Grundgebärde (siehe Kapitel 3.2.6) schreibt Steiner:

> *In der Gebärde lebt der Mensch. Der Mensch selber ist da in der Gebärde. Die Gebärde verschwindet hinein in die Sprache. Wird das Wort intoniert, dann erscheint der Mensch wiederum; der gebärdenbildende Mensch erscheint im Worte wieder.*[258]

---

[256] Steiner 1990b, S. 42
[257] Steiner 1999, S. 245
[258] Steiner 1981, S. 90

Mit anderen Worten: Wenn der Mensch spricht, überträgt er seine sonst eher im Ausdrucksverhalten sichtbar werdenden Empfindungen, Einstellungen oder Haltungen auf die Sprache. Innerhalb der Sprache drückt sie sich, wenn sie konkret verbalisiert wird, in der Formulierung des Gedankens aus. Zusätzlich erscheint sie auch im suprasegmentalen Bereich als Gefühls- oder Willensausdruck. Die Verstärkung dieses Bereiches durch die gestische oder gebärdenerfüllte Sprachbehandlung führt dazu, dass die Schallform nicht in erster Linie den Gedanken, sondern ebenso Gefühls- und Willensimpulse auszudrücken vermag.

Übereinstimmungen zwischen Ritter und Steiner lassen sich in Hinblick auf das Sprachverständnis bzw. bei den Gedanken zur Sprachentstehung finden. Die Haltung zum Einzellaut ist insofern identisch, als dem Laut eine charakteristische Bewegungs- und Kontaktqualität zugeschrieben wird. Ein Unterschied findet sich bei der Bewertung dieser Qualität. Hier ist Ritter vor allem fokussiert auf die soziale Bewegung und den kommunikativen Kontakt, während Steiner in den Lauten sowohl eine Kontaktqualität und den Ausdruck einer kommunikativen Regung, als auch Ausdruck für die Funktion des rein Beschreibenden, Abbildenden sieht.

4.4 Sprechstil und Gattungspoetik

Die offensichtlichsten Unterschiede zwischen beiden ästhetischen Konzepten scheinen sich bei der Frage nach dem Umgang mit stilistischen Merkmalen und der Rolle, die dem Sprecher zukommt, zu ergeben. Hierbei ist allerdings der jeweilige zeitliche Kontext zu berücksichtigen. Steiner lehrte und publizierte in einer Zeit, in der Rezitationen zum größten Teil entweder von Schauspielern oder in literarischen Salons von unausgebildeten Liebhabern betrieben wurden. An Rezitationen von Schauspielern kritisierte Steiner, dass diese häufig nicht in der Lage seien, ihr bühnenbezogenes mimisches und gestischen Spiel zugunsten der dichterischen Sprache zurückzustellen, so dass der Zuhörer dramatisch überreizt werde: *„von einer Sensation in die andere geschleudert, stumpfen sie ihn endlich ab. (98)*[259] Besser gefielen ihm die Laien, die als *„feinsinnige Nachempfinder oder selbstschöpferische Naturen“* (ebd.) zwar keine ausgebildete Technik besäßen, aber dafür *„von der Stimmung des Kunstwerks gepackt“* (ebd.) einen *„natürlich-menschlichen Ton“* (ebd.) anschlügen und dadurch diese Stimmung auf berührende Weise vermittelten. Als Ideal schwebte ihm ein Sprecher vor, der sich in echtem, nicht gespieltem Erle-

[259] Zahlen in runden Klammern bezeichnen hier Seitenzahlen in: Steiner 2014

ben mit dem Kunstwerk verbinden könne, dem das Kunstwerk selbst zum echten Erlebnis würde und der in der Lage sei, mit dem Pathos hauszuhalten.

> *dann folgen wir ihm willig an die ungewohntesten Stätten, zu den Inseln der Glückseligen oder zu den Schrecken des Orkus. Eine derartige Teilnahme kann von einem Berufsinterpreten kaum erwartet werden;* (ebd.)

Aufgabe des Sprechers ist es also durch seine eigene Einfühlung und wahrhaft erlebte Darstellung den Zuhörer in Bild und Erlebnis zu führen. Diese Einfühlung sah Steiner durch Laien zum Teil besser gewährleistet, als durch den schauspielerisch versierten Profi. Hinzu kommt, dass Steiner, wie in Kapitel 3.2.8 beschrieben, die unterschiedlichen Perspektiven des Sprechers, die durch die Kategorien des lyrischen, epischen oder dramatischen Sprechens ermöglicht würden, in ihrer Wirksamkeit auf die Art und Weise bzw. den Grad der Einfühlung oder Distanzierung bei Sprecher und Zuhörer sehr ernst nahm. Innerhalb einer epischen Darstellung oder eines zarten lyrischen Gedichtes von einer Sensation in die nächste geschleudert zu werden, bedeutete für Steiner, dass der Zuhörer durch die dramatische Darstellung einseitig in das Erleben des Sprechers suggestiv hineingezogen werde. (Vgl. ebd.) Diese Art der Einfühlung gehört nach Steiners Auffassung vor allem in den Bereich des dramatischen Sprechens. Es verliert an Wirkung, wenn nicht auch leisere Töne oder die besonnene Distanz des epischen Sprechens, den Anforderungen des Textes gemäß, zum Einsatz kämen. Sei ein Schauspieler aber dazu in der Lage, so *„kann jeder Rhapsode unendlich viel lernen“* (99) von ihm.

Steiner hatte durch seine Herausgeberschaft des *Magazins für Litteratur* über viele Jahre hinweg Gelegenheit, Theaterereignisse und Rezitationsveranstaltung wahrzunehmen und beobachte nebenher, wie diese Ereignisse durch Publikum und Zeitungen bewertet wurden. Er kam zu dem Schluss, dass die Gesellschaft *„nicht einmal den Dilettanten vom Künstler unterscheiden“* (101) könne.

> *Denn eine Theorie der Vortragskunst fehlt uns beinahe ganz. Mehr als auf irgendeinem Gebiete ist auf diesem der Lernende ganz sich selber und dem Zufalle überlassen.* (103)

Vor diesem Hintergrund einer noch nicht zur Verfügung stehenden Theoriebildung und der Beobachtung, dass das Stilempfinden zu verschwinden drohe, ist es schlüssig, dass Steiner, ähnlich wie Goethe ein Jahrhundert zuvor, eine stärkere Berücksichtigung der stilistischen Gegebenheiten forderte und sich gegen allzu freie

Interpretationen aussprach. Hierzu gehörte für ihn, wie in Kapitel 2.2.4. gezeigt, eine deutliche Unterscheidung der Sprechsituationen in Alltagssprache, Theatersprache und Sprache innerhalb einer Rezitation.

Hans Martin Ritter hingegen entwickelte sein Konzept in einer Zeit, als die Theoriebildung innerhalb der Sprecherziehung voll im Gange war. Der ‚Dichtersprecher' und der ‚Werksprecher' waren innerhalb der Sprechererziehung mehr oder weniger einvernehmlich abgehandelt. Die historische Differenz zum dichterischen Werk war formuliert. Als Schüler Otto Warlichs hatte Ritter, wie er sagt, zwar *„keine orthodoxe Sprecherzieher-Ausbildung"*[260] genossen, doch hatte Warlich ihm als Drach-Schüler dessen Vorstellungen vom Dichtungssprechen übermittelt.

Die deutliche Trennung von Sprecherziehern und Schauspielern, die auch die unterschiedlichen Methoden betraf, (deren Vergleichbarkeit oder Vermischung Hellmut Geißner ablehnte)[261] wurde von dem ‚Grenzgänger' Ritter wohl weniger als Orientierung, denn als Einengung seiner künstlerischen Produktivität empfunden.

Ritters Selbstverständnis, das sich in seinem Konzept deutlich niederschlägt, ist das eines Künstlers, der sich *auch* mit literaturwissenschaftlichen und sprechwissenschaftlichen Erkenntnissen beschäftigt. Als Dichtungssprecher bedient er sich aller ihm zur Verfügung stehenden Mittel, um einen Text, der ihm interessant erscheint, den Zuhörern so zur Verfügung zu stellen, dass sie einerseits ein ästhetisches Vergnügen daran haben, andererseits aber auch die Möglichkeit bekommen, sich an der von ihm eingenommenen Position zu distanzieren. Stilfragen sind für ihn - und hier nähert er sich übrigens Steiners Überzeugung an - eine Frage der Wirkungsabsicht. Nicht in Grundsatzpositionen zur Berücksichtigung der Textstruktur liegt also der Unterschied, sondern in unterschiedlichen Vorstellungen, was ein gesprochener Text beim Zuhörer *bewirken* solle. Darauf wird im Weiteren noch einzugehen sein.

Steiners Forderung nach einer Orientierung des Sprechstils an der sprecherischen Situation und am Stil des Kunstwerkes und sein ausführliches Erläutern der stilistischen und poetologischen Elemente entspringt zunächst also der Wahrnehmung, dass wissenschaftliche Grundlagen fehlen.

Ritters Intervenieren gegen eine Einengung durch sprechwissenschaftliche Paradigmen entspringt im Gegensatz dazu seinen verschiedentlich formulierten Beden-

---

[260] Anhang S.97
[261] Vgl. Geißner 2010, S. 22

ken gegen die *„Reduzierung der Kunst durch die Wissenschaft.“* (146)[262]

> *So ermöglichen formale Kriterien zwar eine vorläufige Sortierung innerhalb der Sprechkunst* (147)

aber

> *Weder sprechwissenschaftliche Schulung noch eine Herkunft aus der Schauspielschule garantieren per se eine Sprechkunst von Rang.* (ebd.)

Diese Einstellung trifft sich mit derjenigen Steiners, welche Kunst und Wissenschaft als gleichwertige und gleichrangige Kulturfaktoren bewertete.[263]

4.5 Werktreue und interpretatorische Freiheit

Ritters Haltung zum Umgang mit der Textvorlage insgesamt ist vor allem von der jeweiligen Wirkungsabsicht geprägt. Zwei nebeneinandergestellte Zitate Ritters und Steiners sollen den Unterschied verdeutlichen. Allerdings ist zu berücksichtigen, dass die Zitate innerhalb des jeweiligen Kontextes sehr zugespitzt formuliert wurden.

Auf die Frage innerhalb eines fiktiven Interviews, ob es sich bei seiner Art des Dichtungssprechens um Rezitation handle, antwortet Ritter:

> *Kaum- oder nur annähernd. In der Rezitation geht es um das Kunstwerk, seinen Kunstgehalt im Wortklang, nicht um die Verwandlung in eine Lebensäußerung.* [...] *Mich interessiert nicht eigentlich die ‚Kunstgestalt', sondern die Deutlichkeit des vorgestellten Lebensvorgangs oder –moments, die durch ein Detailelement dieser Kunstgestalt und in ihm sichtbar wird. Aber manchmal rückt das auch nahe aneinander.* (144)

Ritter erläutert dazu, dass das *„Modell des ‚alltägliche Sprechens'“* (145) in seiner Natürlichkeit die Voraussetzung dafür sei, eine literarische Vorlage in eine *„Lebensäußerung“* (ebd.) verwandeln zu können. Dies sei gleichermaßen eine *„Herausforderung“ an die Kunstgestalt“* (ebd.) und deren *„Legitimation“* (ebd.). Ferner sei eine *„unmittelbare Nähe von ‚Erfahrungswirklichkeit und ‚Kunstwirklichkeit'“* (ebd.) erforderlich, um dem Text *„von seinem Grund her“* (ebd.) aussprechen zu können. Ein dritter Aspekt sei es, einen *„gemeinsame*[n] *Ort“* (ebd.) für Sprecher und Zuschauer

---

262 Zahlen in runden Klammern bezeichnen hier Seitenzahlen in: Ritter 1997
263 Vgl. Steiner 1987, S. 135f

zu schaffen, an dem *„'die Wirklichkeit des Textes' sich ereignet"* (145). Gemeint ist hier der gemeinsame Vorstellungsraum, den Ritter als *„ästhetischen Raum"* [264] bezeichnet.

Dem scheint Steiner zu widersprechen, indem er darauf insistiert, dass der Vorstellungsinhalt eines dichterischen Werkes nicht das Entscheidende sei. Der könne auch in prosaischen Worten vermittelt werden. Es sei eben gerade die Kunstgestalt, durch die die Dichtung ihre besondere Wirkung entfalte.

> *In der menschlichen Sprache verbindet sich der Gedanke mit dem Willen. Der Gedanke ist das unkünstlerische Element. Daher wird der Sprache der künstlerische Charakter um so mehr genommen, je zivilisierter sie wird. Sie wird da zum Ausdrucke des Gedankens, der auf der einen Seite ein Diener der Erkenntnis, auf der andern der sozialen Konvention wird. Der wahre Künstler als Dichter kämpft gegen das unkünstlerische Gedankenelement der Sprache.* [265]

Noch deutlicher wird er an anderer Stelle, wenn er schreibt:

> *Auf den Prosa-Inhalt kommt es bei der Dichtung gar nicht an.* [...] *Es kommt auf dasjenige an, was der Dichter durch das Musikalische erreicht, durch das Rhythmische, durch das Melodiöse, durch das Thematische, durch das Imaginative, durch das Lautgestaltende, nicht durch das Wortwörtliche.* [266]

Steiner stützt sich mit dieser Einstellung auf Schillers Ästhetische Briefe. Deutlich wird seine Wirkensabsicht, wenn wir Schillers Aussagen zur Dichtung einbeziehen:

> *In einem wahrhaft schönen Kunstwerk soll der Inhalt nichts, die Form aber alles tun; denn durch die Form allein wird auf das Ganze des Menschen, durch den Inhalt hingegen nur auf einzelne Kräfte gewirkt. Der Inhalt, wie erhaben und weitumfassend er auch sei, wirkt also jederzeit einschränkend auf den Geist, und nur von der Form ist wahre ästhetische Freiheit zu erwarten. Darin also besteht das eigentliche Kunstgeheimnis des Meisters, daß er den Stoff durch die Form vertilgt.* [267]

---

[264] Ritter 2015, S. 41
[265] Steiner 1999, S. 245
[266] Steiner 2002, S. 148
[267] Schiller 1975, S. 91

Für Rudolf Steiner ist der dichterisch gestaltete Text, wenn er wirklich künstlerisch ist, diejenige Sprachform, in der der Mensch sich einer Einheit von Vorstellen, Empfinden und Handeln am ehesten wieder annähert, während innerhalb der Alltagssprache eher die abstrakte bzw. konventionalisierte Vorstellung dominiere. Wie in Kapitel 3.2.8 beschrieben, wirken sich für Steiner die Formmerkmale eines dichterischen Kunstwerkes bis in die physiologischen Prozesse des Menschen aus. Gemeint ist hier z.B. die ordnende Wirkung rhythmischer Gegebenheiten im Gegensatz zur Prosa, die mal beruhigend, mal belebend auf den Hörer einwirken können. Angewendet auf Ritters ‚ästhetischen Raum' könnte man sagen, dass für Steiner dieser *„offene Raum ästhetischer Erfahrung"*[268] nur dann entsteht, wenn auch diese Wirkungen zum Tragen kommen.

Wie schon erwähnt, handelt es sich bei den gegenübergestellten Positionen um Zuspitzungen, die vielleicht die Rangordnung der Aspekte Form und Inhalt innerhalb der jeweiligen Konzepte abbilden. So betont Ritter im Interview:

> *Ich würde schon für mich in Anspruch nehmen, dass mir die Textgestalt oder die Struktur eines literarischen Textes durchaus ein Gegenstand ist – der Beachtung, wie der Bearbeitung, etwa zur Entdeckung und Differenzierung eines Gestus.*[269]

Es dürfe nur

> *nie der Eindruck entstehen, dass man* [...] *an Strukturelementen operiert.* [...] *Die Strukturelemente müssen immer* [...] *nachvollziehbar sein, und nicht nur gestaltet.'*[270]

Bezüglich der interpretatorischen Freiheit finden sich bei Steiner an keiner Stelle Aussagen, die es nahelegen würden, dass die Produktivität des Interpreten so weit gehen könne, einen Text ironisierend zu verfremden oder durch einen neuen Kontext den Inhalt in sein Gegenteil zu verkehren, wie Ritter dies formuliert. An dieser Stelle kommt die zeitliche Ferne besonders zum Tragen. Es wäre spekulativ zu behaupten, Steiner hätte die künstlerische Freiheit des Dichtungssprechers vor dem Hintergrund heutiger Erscheinungsformen des Dichtungssprechens anders gesehen. Andererseits sollte ein ästhetisches Konzept, das auch heute gelten soll und in der Praxis Anwendung findet, diesen Standpunkt nicht absolut setzen.

268 Ritter 2015, S. 41
269 Anhang S.102
270 Ebd.

4.6 Zusammenfassung

Bezogen auf die Frage, in welchen Aspekten Gestisches Sprechen nach Ritter und Sprachgestaltung nach Steiner sich ähneln oder gleichen und wo sie deutliche Unterschiede aufweisen, lässt sich abschließend Folgendes als Ergebnis formulieren: Gemeinsam ist beiden Ansätzen der stark körperbezogene Ansatz aus der Erkenntnis heraus, dass Sprechen eine besondere Form des Handelns ist. Der Sprechhandlung geht, wie jeder Handlung, ein Willensimpuls voraus, der aus einer seelischen Regung resultiert. Dieser von Emotionen, Einstellungen und Haltungen geprägte Willensimpuls wird als innerer Gestus oder Gebärde bezeichnet.

Bei beiden Ansätzen hat der Einzellaut, unabhängig vom Gestus des Sprechers, eine ihm eigene charakteristische Gebärde. Diese Lautgebärde wird bei der Erarbeitung von Texten einbezogen, indem sie körperlich nachvollzogen wird. Beide Ansätze suchen eine stärkere Präsenz im sprecherischen Ausdruck durch ein Durchfühlen der gestischen Qualität des Lautes innerhalb der Tätigkeit des Artikulierens.

Ein Unterschied besteht in der Funktion von Gestus und Gebärde. Ritter hebt besonders die soziale bzw. kommunikative Funktion der Gebärde hervor, die sich im Kontakt mit anderen Personen oder Dingen ergibt. Auf den Laut bezogen interessiert sich Ritter vor allem für die verschiedenen Kontaktqualitäten, die sich durch die jeweilige Lautgebärde ergeben. Demgegenüber hat bei Steiner die Gebärde oder das innere Gebärden zusätzlich zur Ausdrucksfunktion auch diejenige des Einfühlens in äußere Gegebenheiten. Das unbewusste Nachgebärden zum Zwecke des Einfühlens und Verstehens einer Person oder einer Sache wird bei Steiner als eine elementare Fähigkeit des Menschen betrachtet. Als Methode zur Erarbeitung eines Textes bekommt die körperlich vollzogene Gebärde bei Ritter und Steiner zwei Funktionen, nämlich eine einfühlende und eine innere Zustände ausdrückende. Aus der nachbewegenden, einfühlenden Gebärde ergibt sich bei Steiner zusätzlich ihre beschreibende Funktion. Die malende, plastizierende oder zeichnende Geste korrespondiert mit der Funktion des Konsonanten, der für Steiner tendenziell eher beschreibenden Charakter hat im Gegensatz zum Vokal, der eher als Ausdrucksgebärde für emotionale Zustände gesehen wird.

Bei den Auffassungen zur Art und Weise der Verlebendigung einer literarischen Vorlage gibt es in methodischer Hinsicht eine deutliche Nähe. Bei beiden Konzepten geschieht die Aneignung über das persönliche Erlebnis, nicht zuerst über die

Textanalyse im Geißner'schen Sinne. Dieses Erlebnis wird aufgesucht, indem innere Bewegungen, Bilder und Situationen in körperliche Bewegungen und Gebärden umgesetzt werden. Gemäß den unterschiedlichen Fokussierungen befassen sich Ritters Übungen dabei hauptsächlich mit Gesten, die sich auf innere Haltungen beziehen. Bei Steiner können diese Gesten auch einfach räumliche Formen nachzeichnen, um die Phantasie in Bezug auf das innere Bild anzuregen.

Dies führt in der Konsequenz zu unterschiedlichen Auffassungen bezüglich des Sprechstils und der gattungspoetischen Differenzierung. Ritters Weg, einen literarischen Text über das szenische Erzählen oder den szenischen Monolog zu verlebendigen, legt die Gewichtung stärker auf einen dramatischen Stil, der in direkter Kommunikation mit dem Publikum stattfindet. Dabei spielt die persönliche Haltung des Sprechers eine große Rolle, die er quasi explizit zur Diskussion stellt. Eine zurückhaltende Vermittlung ohne persönliche Stellungnahme des Sprechers sieht Ritter am ehesten noch im Zusammenhang mit dem Erzählen von Märchen für Kinder.[271]

Steiner misst dem lyrischen oder epischen Sprechen ebenfalls große Bedeutung zu, davon ausgehend, dass der Zuhörer nicht nur zum erlebenden Mitdenken, sondern auch zum Mitfühlen von Stimmungen oder zum Miterleben bilderreicher Handlungen geführt werden kann, ohne dass die Haltung des Sprechers die Richtung vorgibt. Eine jederzeit erkennbare, explizite Positionierung des Sprechers zum Inhalt, oder eine Verfremdung des Textes, ist im Konzept Steiners nicht vorgesehen.

Ein offensichtlicher Gegensatz entsteht bei der Gewichtung von Form und Inhalt der literarischen Vorlage. Steiners Konzept legt zugrunde, dass sich der Sprecher nach und nach aus seiner personengebundenen, subjektiven Interpretation heraus in einen objektiveren ‚Kunstraum' begebe. Anknüpfend an Schillers Verständnis von Ästhetik und ihrer Wirkung auf den Menschen, entfaltet das dichterische Kunstwerk seine umfassende Wirkung erst durch die Verschmelzung von Form und Inhalt. Diese Wirksamkeit sieht Steiner nicht allein auf der inhaltlich-gedanklichen oder emotionalen Ebene. Er betont zusätzlich die belebende oder harmonisierende Wirkung ästhetischer Produktionen.[272] Es ist demnach bei Steiner eine starke Werkbezogenheit vorhanden, die sich daraus begründet, dass der gelungenen dichterischen Form eine starke Wirkung auf den ganzen Menschen, bis in die Lebenspro-

[271] Vgl. Anhang S. 105f
[272] Vgl. Steiner 1967, S.111

zesse hinein, zugeschrieben wird. Demgegenüber formuliert Ritter, die literarische Vorlage müsse in eine realitätsnahe Lebensäußerung verwandelt werden, zu der der Zuhörer aus seiner persönlichen Erfahrungswirklichkeit heraus leicht Zugang bekommen müsse. Die poetischen und metrischen Merkmale einer Dichtung bieten ihm dabei einen Widerstand, da sie dem natürlichen Sprechen entgegenstehen. Je nach Wirkungsabsicht kann sich der Sprecher für den Grad der Berücksichtigung entscheiden. Allerdings findet sich auch bei Ritter eine ausgesprochene Würdigung der dichterischen Form, die als Anregung und Herausforderung auf dem Weg zur Verlebendigung betrachtet wird. Ein Ignorieren der strukturalen Gegebenheiten, indem *„der Text der produktiven Gestaltungsarbeit überlassen werde“*[273], wie es von manchen Interpreten des Ritter'schen Ansatzes nahe gelegt wird, erscheint nicht uneingeschränkt gerechtfertigt.

[273] Rora 2013 S.12

5. Schlussfazit und Ausblick

Abschließend kann festgestellt werden, dass das Gestische Sprechen nach Ritter und die Sprachgestaltung nach Steiner, bei allen nicht zu unterschätzenden Unterschieden, in wichtigen Punkten eine deutlich erkennbare Nähe aufweisen. Bedeutend erscheinen die Gemeinsamkeiten vor allem in zwei Punkten:

Ritter wie Steiner lehnen die uneingeschränkte Gültigkeit der Arbitrarität des lautlichen Zeichens explizit ab. Damit befinden sich beide Konzepte im Widerspruch zur heute gültigen Lehrmeinung. Allerdings wird die These, der Laut habe gestischen Charakter und stehe in vielen Fällen in unmittelbarer Verbindung mit dem Inhalt eines Wortes bzw. könne den Gestus des Sprechers durch seine Aktionstendenz aufnehmen und ausdrücken, von anderen, ebenfalls bedeutenden Persönlichkeiten wie Stanislawski oder Tschechow geteilt. Sie war, wenn man Meyer-Kalkus folgt,[274] noch bis Mitte des 20. Jahrhunderts unverzichtbare Grundlage für das literarische Gestalten. Auffallend ist, dass diese Einstellung häufig bei Künstlern zu finden ist. Möglicherweise führt die künstlerische Erfahrung im Umgang mit der gesprochenen Sprache, besonders der Dichtersprache, zu anderen Erkenntnissen als die philosophische oder linguistische Betrachtung von Schriftzeichen. Dass sich bezüglich der Arbitrarität zur Zeit auch vom wissenschaftlichen Standpunkt aus Veränderungen abzeichnen, ist den Veröffentlichungen des Max Planck Institutes für Psycholinguistik zu entnehmen. Der Sprachwissenschaftler Max Dingemanse konnte durch seine Forschungen belegen,[275] dass *„der Grundsatz der Arbitrarität mindestens um zwei weitere Ansätze ergänzt werden muss“* [276], nämlich um denjenigen der *‚Ikonizität‘*, bezogen auf die Verbindung von Wort und Bedeutung, und den der *‚Systematizität‘*, die bestimmten Lautmustern statistisch gesehen einen bestimmten grammatischen Gebrauch zuordnet.[277] Das Verwenden von Ideophonen, also anschaulich-sinnlichen Wörtern oder Lautbildern, besonders in Verbindung mit Mimik und Gestik, ist weltweit verbreitet und gehört offensichtlich zur Grundausstattung der menschlichen Sprachfähigkeit. [278]

Die zweite wichtige Übereinstimmung zwischen Ritter und Steiner ist die Annahme, dass dem Sprechen gestische bzw. gebärdenartige Impulse vorausgehen, die sich

[274] Vgl. Meyer-Kalkus 2001, S.24
[275] Vgl. Dingemanse et al. 2015
[276] Horn 2015
[277] Vgl. Ebd
[278] Vgl. Dingemanse 2014

im Bewegungsapparat des Menschen wiederfinden lassen. Auf diesen Gedanken stützen sich beide Konzepte in der methodischen Vorgehensweise. Bei der Erarbeitung und Verlebendigung literarischer Texte werden gestische Momente innerhalb der Vorlage aufgesucht und in körperliche Bewegung umgesetzt. Darüber hinaus arbeiten beide Methoden mit körperlichen Gebärden, um innere Bilder, Gefühle und Willensimpulse anzuregen. Auch für diesen Ansatz gibt es aktuelle wissenschaftliche Erkenntnisse, die nahelegen, dass Sprechen und körperliche Bewegung in unmittelbarem Zusammenhang stehen. Folgt man den Erkenntnissen, die der Psychologe Martin Peveling in seiner Dissertation zur menschlichen Sprachwahrnehmung zusammengetragen hat,[279] so würde das Aufsuchen von körperlichen Gesten für eine innere Haltung und das wieder Zurückführen dieser Gesten in den sprachlichen Ausdruck den tatsächlich vorhandenen sensomotorischen und neurologischen Vorgängen bei der Sprachwahrnehmung und beim Sprechen aufgreifen. Wünschenswert wäre, dass die Aktualität beider Ansätze gerade in diesen beiden Punkten innerhalb der Sprecherziehung bzw. Sprechkunst stärker wahrgenommen würde.

Nur ansatzweise erforscht[280] ist bisher die von Brecht und Steiner beobachtete Wirkung von Sprechrhythmen auf den Zuhörer, die Ritter ebenfalls reflektiert.[281] Werden regelmäßige Rhythmen als einschläfernd oder beruhigend erlebt, andere vielleicht als anregend und belebend, so liegt dies wahrscheinlich in der Synchronisierung von rhythmischen Vorgängen wie Atem und Pulsschlag mit den beim intensiven Zuhören aufgenommenen Rhythmen begründet. Weitere Erkenntnisse in diesem Bereich könnten der Frage nach der Berücksichtigung und angemessenen Umsetzung poetischer Formen neue Relevanz verleihen. Gerade in pädagogischen oder therapeutischen Zusammenhängen könnten sich hier für die Sprechkunst bzw. das Dichtungssprechen neue Möglichkeiten ergeben.

Die vorhandene Nähe in vielen Punkten könnte Anlass geben, sich anzunähern. Dazu müsste die Berufsgruppe der Sprachgestalter stärker in den Dialog eintreten und sich positionieren. Berührungsängste auf beiden Seiten sollten, nach dem Vorbild Ritters, aufgegeben werden. Die ausführlichen und praktikablen methodischen Ausarbeitungen Ritters könnten innerhalb der sprachgestalterischen Praxis intensiver einbezogen werden. Dementsprechend könnten die Thesen und methodischen

[279] Vgl. Peveling 2016
[280] Vgl. Cysarz et al. 2004
[281] Vgl. Ritter 2009, S. 147f

Hinweise, die das Konzept Steiners bietet, wenigstens versuchsweise innerhalb der Sprecherziehung einbezogen werden, wie dies ja vereinzelt schon getan wird.[282]
Ein letzter Gedanke, der sich aus der Wahrnehmung der sprechkünstlerischen und der sprachgestalterischen Fachgeschichte ergeben hat, betrifft das Verhältnis von wissenschaftlicher Erkenntnis und künstlerischer Praxis. Zu Recht und mit dem Selbstbewusstsein des Künstlers interveniert Ritter gegen eine Vereinnahmung und Reduktion der Kunstausübung durch die Wissenschaft. Ritter begründet dies mit dem Argument, dass auf der Bühne andere Gesetze gelten, als im Wissenschaftsbetrieb.[283] Hier soll hinzugefügt werden, dass die Erkenntnisse der Wissenschaft häufig der Praxis folgen, nicht umgekehrt. Kunstausübung ist am produktivsten unter dem Grundsatz: erst probieren, handeln, erleben, dann reflektieren. Andernfalls läuft die schöpferische Produktivität Gefahr, abgelähmt zu werden.[284] Aus der künstlerisch-schöpferischen Praxis werden durchaus Erkenntnisse gewonnen, die sich als richtig erweisen und praktikabel sind. Die Frage, ob ein Kunstwerk *„berührt“*[285], also innere Bilder und Erlebnisse anzuregen vermag, bezieht sich dabei auf zweierlei Begegnungen. Zum einen, im Sinne Hübschmanns,[286] auf die Begegnung des Sprechers mit dem Werk, zum zweiten auf das Zusammentreffen von Zuhörer und Sprecher im von Ritter beschriebenen *„ästhetischen Raum“*[287]. Tschechow nennt diesen gemeinsamen Raum, auf das Theater bezogen *„Atmosphäre“*[288] und bezeichnet sie als das untrennbare Band zwischen Sprecher und Zuschauer. Die ‚Berührungen‘ durch Sprache, Gebärden, Rhythmus, Pausengestaltung usw., lassen sich bis in die Wirkungen auf Atem und Pulsschlag verfolgen. Aufgabe der Wissenschaft könnte es sein, diese Wirkungen zu erforschen und zu begründen, *warum* die aus der Erfahrung gewonnene Praxis funktioniert. Wünschenswert wäre, dass beide Berufsgruppen, - Sprecherzieher und Sprachgestalter -, sich mit diesem Selbstverständnis in den wissenschaftlichen Diskurs über Fragen der sprechkünstlerischen Praxis einbringen.

---

282 Vgl. Matthies 2004, S. 223f
283 Vgl. Ritter 1997, S. 146
284 Vgl. Čechov 1990, S. 70
285 Ritter 2015, S. 37
286 Hübschmann 1990, S. 75
287 Ritter 2015, S. 41
288 Čechov 1990, S. 26

6. Literaturverzeichnis

Aderhold, Egon (1993): Sprecherziehung des Schauspielers. Grundlagen und Methoden. 4. überarbeitete Aufl. Berlin: Henschel.

Brecht, Bertolt (1992): Schriften ; 1. [Schriften 1914-1933]. 1. Aufl. Berlin [u.a.]: Aufbau-Verl. [u.a.] (Werke, große kommentierte Berliner und Frankfurter Ausgabe).

Brecht, Bertolt (1993a): Schriften ; 2. [Schriften 1933-1942]. 1. Aufl. Berlin [u.a.]: Aufbau-Verl. [u.a.] (Werke, große kommentierte Berliner und Frankfurter Ausgabe).

Brecht, Bertolt (1993b): Schriften ; 3. [Schriften 1942-1956]. 1. Aufl. Berlin [u.a.]: Aufbau-Verl.[u.a.] (Werke, große kommentierte Berliner und Frankfurter Ausgabe).

Brecht, Bertolt (1995): Prosa ; 3. Sammlungen und Dialoge. 1. Aufl. Berlin [u.a.]: Aufbau-Verl. [u.a.] (Werke, große kommentierte Berliner und Frankfurter Ausgabe).

Bühler, Karl (1999): Sprachtheorie. Die Darstellungsfunktion der Sprache. Ungekürzter Neudr. der Ausg. Jena, Fischer, 1934, 3. Aufl. Stuttgart: Lucius und Lucius.

Čechov, Michail A. (1990): Die Kunst des Schauspielers. Moskauer Ausg. Stuttgart: Urachhaus.

Čechov, Michail A.; Du Hurst Prey, Deidre (2013): Lektionen für den professionellen Schauspieler. Berlin [u.a.]: Alexander [u.a.].

Coblenzer, Horst; Muhar, Franz (1999): Atem und Stimme. Anleitung zum guten Sprechen. 18. Aufl. Wien: öbv & hpt.

Condon, William S.; William D. Ogston. (1971): Speech and body motion synchrony of the speaker-hearer. In: *Perception of Language, Columbus, Ohio*, S. 150–184.

Cysarz, Dirk; Bonin, Dietrich von; Lackner, Helmut; Heusser, Peter; Moser, Maximilian; Bettermann, Henrik (2004): Oscillations of heart rate and respiration synchronize during poetry recitation. In: *AJP: Heart and Circulatory Physiology* 287 (2), S. H579-H587. Online verfügbar unter http://ajpheart.physiology.org/content/287/2/H579.full-text.pdf+html, (24.04.2016.)

Dingemanse, Mark; Blasi, Damián E.; Lupyan, Gary; Christiansen, Morten H.; Monaghan, Padraic (2015): Arbitrariness, Iconicity, and Systematicity in Language. In: *Trends in Cognitive Sciences* 19 (10), S. 603–615. DOI: 10.1016/j.tics.2015.07.013.

Dingemanse, Mark (2014): Wie wir mit Sprache malen; Max Planck Institut für Psycholinguistik, Nijmwgen, Netherlands. Online verfügbar unter: https://www.mpg.de/7937698/lautmalereien (26.04.2016)

Drach, Erich (1926): Die redenden Künste. Leipzig: Quelle und Meyer.

Erbslöh, Albert Andreas (2011): Hans Martin Ritter - Porträt im Netz. Albert Andreas Erbslöh. Online verfügbar unter http://www.hansmartinritter.de/vita.htm, zuletzt aktualisiert am 15.05.2011, (26.04.2016.)

Froböse, Edwin (1973): Marie Steiner. Ihr Weg zur Erneuerung der Bühnenkunst durch die Anthroposophie : eine Dokumentation. 1. Aufl. Dornach/ Schweiz: R. Steiner Verlag.

Geißner, Hellmut (1981): Sprechwissenschaft. Theorie der mündlichen Kommunikation. Königstein/Ts.: Scriptor.

Geißner, Hellmut (1986): Sprecherziehung. Didaktik und Methodik der mündlichen Kommunikation. Frankfurt am Main: Scriptor.

Geißner, Hellmut (2010): Rezension zu: Hans Martin Ritter 2009: Zwischenräume. In: *DGSS aktuell* (1), S. 21–24.

Goethe, Johann Wolfgang von (1988): Sämtliche Werke nach Epochen seines Schaffens. Weimarer Klassik 1798 - 1806. Schauspielkunst, Theater. Münchner Ausg. 21 Bände. München: Hanser.

Gutenberg, Norbert (2001): Einführung in Sprechwissenschaft und Sprecherziehung. Frankfurt am Main, New York: P. Lang.

Haase, Martina (2013a): Das Prinzip des gestischen Sprechens. In: Ines et al Bose (Hg.): Einführung in die Sprechwissenschaft. Phonetik, Rhetorik, Sprechkunst. 1 Aufl. [s.l.]: Narr, S. 214–219.

Haase, Martina (2013b): Sprechkunst. Definition und Gegenstand der Sprechkunst. In: Ines et al Bose (Hg.): Einführung in die Sprechwissenschaft. Phonetik, Rhetorik, Sprechkunst. 1 Aufl. [s.l.]: Narr (narr studienbücher), S. 177–181.

Haase, Martina (2013c): Sprechkunst und Schauspielkunst. In: Ines et al Bose (Hg.): Einführung in die Sprechwissenschaft. Phonetik, Rhetorik, Sprechkunst. 1 Aufl. [s.l.]: Narr (narr studienbücher), S. 190–193.

Haase, Martina; Meyer, Dirk; Krech, Eva-Maria (1997): Von Sprechkunst und Normphonetik. Festschrift zum 65. Geburtstag von Eva-Maria Krech am 6. November 1997. Hanau: W. Dausien.

Heilmann, Christa M. (2011): Körpersprache richtig verstehen und einsetzen. 2., durchges. Aufl. München: Reinhardt, Ernst.

Hollmach, Uwe (2013): Theatrale Prozesse. In: Ines et al Bose (Hg.): Einführung in die Sprechwissenschaft. Phonetik, Rhetorik, Sprechkunst. 1 Aufl. [s.l.]: Narr, S. 193–197.

Horn, Charlotte (2015): Wort und Sinn näher als gedacht; Max Planck Institut für Psycholinguistik, Nijmwgen, Netherlands. Online verfügbar unter: https://www.mpg.de/9676546/sprache-nicht-arbitraer, (26.04.2016.)

Hübschmann, Wernfried (1990): "Richtigkeitsbreite?" - Zur Problematik von Beurteilungskriterien sprechkünstlerischer Leistungen. In: Thomas von Fragstein (Hg.): Sprechen als Kunst. Positionen und Prozesse ästhetischer Kommunikation. 1. Aufl. Frankfurt am Main: Scriptor (Sprache und Sprechen, Bd. 22), S. 69–77.

Humboldt, Wilhelm von (1836): Über die Verschiedenheit des menschlichen Sprachbaus. und ihren Einfluss auf die geistige Entwickelung des Menschengeschlechts. Berlin: F. Dümmler.

Keßler, Christian (2013): Körperstimmtraining. In: Ines et al Bose (Hg.): Einführung in die Sprechwissenschaft. Phonetik, Rhetorik, Sprechkunst. 1 Aufl. [s.l.]: Narr, S. 222–224.

Klawitter, Klaus; Minnich, Herbert (1998): Sprechen. In: Gerhard Ebert und Rudolf Penka (Hg.): Schauspielen. Handbuch der Schauspieler-Ausbildung. Berlin: Henschel, S. 257–273.

Kleist, Heinrich von (1966): Über die allmähliche Verfertigung der Gedanken beim Reden. Heinrich von Kleist Werke in einem Band. München: Carl Hanser Verlag.

Konrad, Franz-Michael (2010): Wilhelm von Humboldt. 1. Aufl. Bern, Bern: Haupt Verl.; UTB.

Kotte, Andreas (2013): Theatergeschichte. Eine Einführung. Köln: Böhlau (UTB).

Lämke, Ortwin (2011): Grundlagen des interpretierenden Textsprechens. In: Marita Pabst-Weinschenk (Hg.): Grundlagen der Sprechwissenschaft und Sprecherziehung. 2., überarb. Aufl. München [u.a.]: Reinhardt, S. 182–191.

Lindenberg, Christoph (1997): Rudolf Steiner. Eine Biographie. 1. Aufl. Stuttgart: Freies Geistesleben.

Linklater, Kristin (2012): Die persönliche Stimme entwickeln. Ein ganzheitliches Übungsprogramm zur Befreiung der Stimme. 4. Aufl. München [u.a.]: Reinhardt.

Lutzker, Peter (1996): Der Sprachsinn. Sprachwahrnehmung als Sinnesvorgang. Stuttgart: Verlag Freies Geistesleben.

Matthies, Roland (2004): Sprechhaltungen des Schauspielers. In: Kerstin Köhler und Cäcilie Skorupinski (Hg.): Wissenschaft macht Schule. Sprechwissenschaft im Spiegel von 10 Jahren Sommerschule der DGSS. St. Ingbert: Röhrig (Sprechen und Verstehen, 21), S. 223–230.

Mauthner, Fritz (1982): Beiträge zu einer Kritik der Sprache. Ungekürzte Ausg. Frankfurt/M, Berlin, Wien: Ullstein.

Meyer-Kalkus, Reinhart (2001): Stimme und Sprechkünste im 20. Jahrhundert. Berlin: Akademie Verlag.

Pabst-Weinschenk, Marita (1993): Die Konstitution der Sprechkunde und Sprecherziehung durch Erich Drach. Faktenfachgeschichte von 1900 bis 1935. Magdeburg: Westarp Wissenschaften.

Pabst-Weinschenk, Marita (2011a): Ästhetische Kommunikation. In: Marita Pabst-Weinschenk (Hg.): Grundlagen der Sprechwissenschaft und Sprecherziehung. 2., überarb. Aufl. München [u.a.]: Reinhardt, S. 181–191.

Pabst-Weinschenk, Marita (2011b): Fachgeschichte. Von der Sprecherziehung zur Sprechkunde und Sprechwissenschaft. In: Marita Pabst-Weinschenk (Hg.): Grundlagen der Sprechwissenschaft und Sprecherziehung. 2., überarb. Aufl. München [u.a.]: Reinhardt, S. 255–264.

Peveling, Martin (2016): Der Sprachsinn bei Rudolf Steiner. Eine kritische Würdigung im Lichte der modernen Sprachforschung und der sozialen Neurobiologie. Recklinghausen: Peveling, Martin, Dr.

Plato (2004): Sämtliche Werke in drei Bänden. Sämtliche Werke in drei Bänden. Unveränd. Nachdr. d. 8., durchges. Aufl. d. Berliner Ausg. von 1940, Verlag Lambert Schneider, Heidelberg, 1982. Darmstadt: Wiss. Buchgesellschaft.

Plato, Bodo von (2003): Anthroposophie im 20. Jahrhundert. Ein Kulturimpuls in biografischen Porträts. Dornach: Verlag am Goetheanum.

Rittelmeyer, Christian (2014): Aisthesis. Zur Bedeutung von Körper-Resonanzen für die ästhetische Bildung. 1. Aufl. München: kopaed.

Ritter, Hans Martin (1984): Der Text als Partitur. oder vom Buchstaben zum Ballett interagierender Subsysteme. In: Lothar Berger (Hg.): Sprechausdruck. Frankfurt/Main: Scriptor (Sprache und Sprechen, Bd. 13), S. 123–135.

Ritter, Hans Martin (1986): Das Gestische Prinzip bei Bertolt Brecht. Köln: Prometh.

Ritter, Hans Martin (1989a): Dem Wort auf der Spur. Köln: Prometh.

Ritter, Hans Martin (1989b): Gestisches Sprechen. In: Eberhard Ockel (Hg.): Freisprechen und Vortragen. Christian Winkler zum Gedenken. Sprache und Sprechen 1989 (20). Frankfurt a.M.: Scriptor.

Ritter, Hans Martin (1991): Theater und Musik auf dem Grat. Waldorfpädagogik und Theaterpädagogik und Das Spiel vom Starken Wanja. Berlin: Hochschule der Künste (HdK-Materialien, 2/91).

Ritter, Hans Martin (1997): Wort und Wirklichkeit auf der Bühne. Münster: Lit.

Ritter, Hans Martin (2004): Sprechen und Singen. In: Kerstin Köhler und Cäcilie Skorupinski (Hg.): Wissenschaft macht Schule. Sprechwissenschaft im Spiegel von 10 Jahren Sommerschule der DGSS. St. Ingbert: Röhrig (Sprechen und Verstehen, 21), S. 187–199.

Ritter, Hans Martin (2009): Sprechen auf der Bühne. Ein Lehr- und Arbeitsbuch. Berlin: Henschel.

Ritter, Hans Martin (2013): Nachspielzeit. Aufsätze zu theaterpädagogischen und theaterästhetischen Fragen ; 2009 - 2013. Berlin: epubli GmbH.

Ritter, Hans Martin (2015): Zwischen Ideologie, Pygmalion-Syndrom und Handwerkerstolz. Der schwierige Weg zu kritischer Offenheit in Sprechkunst und Ästhetischer Kommunikation. In: Brigitte Teuchert (Hg.): Aktuelle Forschungstendenzen in der Sprechwissenschaft. Normen, Werte, Anwendung. Baltmannsweiler: Schneider Hohengehren (Sprache und Sprechen, 48), S. 33–43.

Ritter-Schaumburg, Heinz (1985): Die Kraft der Sprache. Vom Wesen der Vokale und Konsonanten. München: Herbig.

Rora, Constanze (2013): Literatur sprechen. Zur Frage des 'Ausdrucks' beim Vorlesen und Vortragen. In: Zeitschrift ästhetische Bildung. Online verfügbar unter: http://zaeb.net/index.php/zaeb/article/view/73/68 (26.04.2016)

Schiller, Friedrich (1975): Über die ästhetische Erziehung des Menschen. In e. Reihe von Briefen. [Nachdr.]. Stuttgart: Reclam.

Simhandl, Peter (2014): Theatergeschichte in einem Band. Leipzig: Henschel.

Stanislawski, Konstantin S. (1988a): Die Arbeit des Schauspielers an sich selbst. 1. 5. unveränd. Aufl. Westberlin: Verl. Das Europ. Buch (Die Arbeit des Schauspielers an sich selbst : Tagebuch eines Schülers / Stanislawski, I).

Stanislawski, Konstantin S. (1988b): Die Arbeit des Schauspielers an sich selbst. 2. 5.Aufl. Westberlin: Verl. Das Europäische Buch (II).

Steiner, Rudolf (1983): Von Seelenrätseln. Anthropologie und Anthroposophie. 5. Aufl. Dornach: R. Steiner Verlag (GA 21).

Steiner, Rudolf (1984a): Anthroposophie, soziale Dreigliederung und Redekunst. 3. Aufl. Dornach/Schweiz: R. Steiner Verlag (GA 339).

Steiner, Rudolf (1984b): Pfade der Seelenerlebnisse. Achtzehn öffentliche Vorträge, Berlin 1909-1910. Dornach/Schweiz: R. Steiner Verlag (GA 58-59).

Steiner, Rudolf (1987): Einleitungen zu Goethes naturwissenschaftlichen Schriften. 4. Aufl. Dornach/Schweiz: R. Steiner Verlag (GA 1).

Steiner, Rudolf (1989): Der pädagogische Wert der Menschenerkenntnis und der Kulturwert der Pädagogik. 4. Aufl. Dornach/Schweiz: R. Steiner Verlag (GA 310).

Steiner, Rudolf (1990a): Erziehungskunst,. Methodisch-Didaktisches. Ungekürzte Ausg., Taschenbuchausg., 11. - 20. Tsd // 6. Aufl. Dornach/Schweiz: R. Steiner Verlag (GA 294).

Steiner, Rudolf (1990b): Eurythmie als sichtbare Sprache. 5. Aufl. Dornach/Schweiz: R. Steiner Verlag (GA 279).

Steiner, Rudolf (1990c): Mein Lebensgang. Eine nicht vollendete Autobiographie. Ungekürzte Ausg., Taschenbuchausg., 44. - 53. Tsd. Dornach/Schweiz: R. Steiner Verlag (GA 28).

Steiner, Rudolf (1992): Das Rätsel des Menschen. 2. Aufl. Dornach/Schweiz: R. Steiner Verlag (GA 170).

Steiner, Rudolf (1998): Weltwesen und Ichheit. 3. Aufl. Dornach/Schweiz: R. Steiner Verlag (GA 169).

Steiner, Rudolf (1999): Eurythmie. Die Offenbarung der sprechenden Seele. 3. Aufl. Dornach/Schweiz: R. Steiner Verlag (GA 277).

Steiner, Rudolf (2002): Das Künstlerische in seiner Weltmission. Der Genius der Sprache. 4. Aufl. Dornach/Schweiz: R. Steiner Verlag (GA 276).

Steiner, Rudolf (2009): Anthroposophie. Ein Fragment. 5. Aufl. Dornach/Schweiz: R. Steiner Verlag (GA 45).

Steiner, Rudolf (2014): Gesammelte Aufsätze zur Dramaturgie 1889-1900. 4. Aufl. Basel: R. Steiner Verlag (GA 29).

Steiner, Rudolf; Froböse, Edwin; Steiner, Marie (1983): Methodik und Wesen der Sprachgestaltung. 4. Aufl.,. Dornach/Schweiz: R. Steiner Verlag (GA 280).

Steiner, Rudolf; Steiner, Marie Steiner-von Sivers, Froböse, Edvin (1967): Die Kunst der Rezitation und Deklamation. 2. neu durchgesehene, ergänzte und erweiterte Auflage. Dornach, Schweiz: Rudolf Steiner Nachlassverwaltung (GA 281).

Steiner, Rudolf et al. (1981): Sprachgestaltung und dramatische Kunst. 4. Aufl. Dornach/Schweiz: R. Steiner Verlag (GA 282).

Vasiljev, Jurij (2002): Stimme = Atem und Bewegung. Training für Stimmenergie und Kommunikation. Trstenice: Urban.

Weithase, Irmgard (1940): Die Geschichte der deutschen Vortragskunst im 19. Jahrhundert. Weimar: Böhlau.

Weithase, Irmgard (1949): Goethe als Sprecher und Sprecherzieher. Weimar: Böhlau.

Wiesberger, Hella (1988): Marie Steiner-von Sivers. Ein Leben für die Anthroposophie. 2. Aufl. Dornach/Schweiz: Rudolf Steiner Verlag.

Wunderli, Peter (2013): Ferdinand de Saussure. Cours de linguistique générale. Tübingen: Narr Verlag.

Wundt, Wilhelm Max (2006): Völkerpsychologie. Die Sprache: Adamant Media Corporation.

7. Anhang

Interview mit Hans Martin Ritter

aufgenommen am 2. März 2016 in Berlin-Hermsdorf

UH: Herr Ritter, vielen Dank, dass ich für dieses Gespräch zu Ihnen kommen durfte.
Ich habe verschiedene Themen vorbereitet, die ich kurz nennen möchte:
Ich möchte Ihnen einige Fragen stellen in Bezug auf die Sprecherziehung und das gestische Sprechen. Dann zu Ihrem inneren Werdegang innerhalb der Sprecherziehung. Außerdem würde ich gerne mit Ihnen über ihre Auffassung zur Lautgebärde bzw. Lautgeste ins Gespräch kommen.
Ein Thema, dass mich ebenfalls sehr interessiert, sind die biographischen Prägungen, von denen Sie in *Theater auf dem Grat* geschrieben haben. Sie schrieben über Ihre Kindheit, über Prägungen durch Ihren Vater, Heinz Ritter, und indirekt durch den Lehrer Ihres Vaters, Gottfried Haaß-Berkow.
Zur ersten Frage: Ich habe mit großem Interesse gelesen, dass Sie sich schon während des Studiums bei Otto Warlich mit dem gestischen Sprechen beschäftigt haben, Sie hatten damals die Aufgabe, eine Programm mit Texten von Kafka zu erarbeiten. Dann läge also der Beginn der Beschäftigung mit Brecht im Zusammenhang mit dem Dichtungssprechen, und nicht dem Theater. Ist das so?

HMR: Das ist nicht richtig. Die Begegnung mit Otto Warlich betraf mein Studium und ging kurzzeitig auch über das Studium hinaus bis ungefähr 1964. In dieser Zeit war ich einesteils künstlerisch tätig, wenn man so will, in seiner Nachfolge. Das könnte man unter dem Begriff Dichtungssprechen fassen und es bezog sich vor allem auf Prosa, ansatzweise auch auf Rollenarbeit. Beruflich war ich an einem Gymnasium als Referendar und dann als Deutsch- und Musiklehrer tätig. Und das Programm mit Texten von Kafka war 1967 eines meiner ersten selbst entwickelten Programme.

UH: Sie haben beides parallel gemacht?

HMR: Das habe ich (damals und eigentlich mein Leben lang) parallel gemacht. Ich schwankte nach dem Studium, ob ich promovieren sollte in Richtung auf Musikwissenschaft und/oder Germanistik, oder ob ich das Künstlerische an erste Stelle setze – und habe mich dann fürs Künstlerische entschieden. Abgesehen davon, dass ich während des Studiums immer noch mal dachte, dass ich Pianist werden könnte [lacht]. Seit 1961 habe ich außerdem privat bei der Gesangspädagogin Doris Winkler studiert - weniger mit dem Gedanken, Sänger zu werden, also Konzertsänger, das hatte sie vielleicht vor mit mir, und ich habe es ja auch ein Weilchen betrieben; es ging mir aber vordringlich darum, an der Stimme zu arbeiten und meine Stimme zu fundieren. In gewissem Sinne war mir das bei Otto Warlich zu wenig gewesen, und ich dachte, ich käme über den Gesang eher an den Kern meiner Stimme heran. Das funktionierte letzten Endes auch – allerdings wurde meine Stimme erst richtig frei, als ich vom Kunstgesang zum Song und Chanson (vor allem Brecht und Wedekind) umschwenkte, also mich vom Schönklang löste und beim Singen eher auf den Sprechton setzte.
Die Beschäftigung mit dem Gestischen, genauer dem gestischen Prinzip nach Brecht, setzte erst etwa 1973/74/75 ein – da hatte ich mit meinen Soloprogrammen schon viele Auftritte an kleinen Theatern hinter mir. Ich hatte 1971-73 eine Position

als Akademischer Rat an der Pädagogischen Hochschule in Duisburg/PH Ruhr (die in der Zeit, als ich dort war, zur Universität Duisburg wurde) in der Deutschdidaktik inne mit den Schwerpunkten Sprecherziehung, Schultheater/Studententheater. Die Musik war da gewissermaßen herausgefallen und nur noch in den Theaterproduktionen präsent. 1973 bekam ich das Angebot der PH Berlin für das neue Fach Schulspiel. In diesem Neubeginn dessen, was man heute Theaterpädagogik nennt, galten damals die Interaktions- und Rollentheorien, soziologische Theorien also, in meinem Fall soziolinguistische Theorien als Orientierungswissenschaften. Diese neue Theaterpädagogik rückte also vom „Theater" ab in Richtung Interaktionspädagogik, mit Versuchen, Menschen, und vor allem Kinder, durch Rollen- und Interaktionsspiele zu befähigen, besser miteinander zu interagieren. Die ästhetische Komponente, die da in den Hintergrund rückte, war mir selbst aber wichtig. In dieser Zeit kam ich mit Reiner Steinweg in Kontakt und seinen Untersuchungen zum Brecht'schen Lehrstück. Das bewirkte ein neues politisch-ästhetisches Verständnis von Theaterpädagogik – generell und auch bei mir. Ich griff nach diesem Brecht und stieß da auf das gestische Moment. Dieses gestische Moment war für mich zunächst ein theaterpädagogisches „Instrument" – eine Möglichkeit, über die ästhetische Praxis der Darstellung Lernprozesse anzustoßen und soziale Verhältnisse, soziale Verhaltensweisen, Haltungen von Menschen zu Menschen zu untersuchen – mit der Frage: wie bekomme ich ein Bewusstsein davon, was bestimmte Haltungen, Haltungen anderer Menschen, und vor allem bestimmte Handlungen bewirken? Diese Konfrontation von Haltungen ist ja nicht (nur) eine Konfrontation individueller Menschen, sondern von sozialen Haltungen, die individuelle Menschen einoder übernehmen. Vor allem aber war die Beschäftigung mit Brecht für mich eine Möglichkeit, Theaterpädagogik wieder stärker ästhetisch zu akzentuieren – und auch die Musik einzubeziehen, die ja im Brecht'schen Lehrstück eine wichtige Rolle spielt.
Das gestische Sprechen war ein Aspekt davon – einmal weil ich den Akzent der Sprache/des Sprechens innerhalb der Theaterpädagogik durchaus als einen meiner Schwerpunkte ansah – abgesehen von dem der Musik. Aber auch Brecht selbst hat dieses Element in seinen Überlegungen zum Gestischen besonders akzentuiert: Das Sprechen entsteht aus Haltungen und ist nicht etwas Ablösbares. Im wechselseitigen Verhältnis entstehen sozial bedingt, herkunftsbedingt, gesellschaftsstrukturbedingt und vor allem situationsbedingt Haltungen und mit und in ihnen die Formen der Rede. Gestus umfasst bei Brecht natürlich auch psychologische Aspekte, genauer: psychische Momente, die diesen Haltungen innewohnen oder die sie variieren. Sie führen das Sprechen weg von Lippenartikulationen hin zu den Körperaktionen. Auch für meinen Lehrer Otto Warlich war in der Vortragskunst – wie er sagte, Schallform und Gebärde immer eine Einheit. Auch in meiner ersten „Fachpublikation" zur *Sprecherziehung in der Schule* (noch im Rahmen der Schulmusik – sie erschien im Mitteilungsblatt des Verbandes deutscher Schulmusiker VDS/Berlin im April 1967) ist schon – fast in Vorahnung des Gestischen Prinzips – von einem *„ständigen Wechsel zwischen verschiedenen Spiel- und Sprechhaltungen"* die Rede. (Nr. 35, S. 13)

UH: Dann hatte ich das falsch verstanden. Ich hätte Sie sonst jetzt gefragt, welcher Mangel da war in Ihrer Sprecherzieherausbildung, so dass Sie das Gestische dazu genommen haben. Aber vielleicht frage ich das trotzdem. Ich weiß ja nicht, wie die Sprecherziehung damals gelehrt wurde.

HMR: Das kann ich für mich nicht sagen. Ich muss gestehen, dass ich keine orthodoxe Sprecherzieher-Ausbildung habe. Wesentlich war für mich im Rahmen meines

Studiums an der Berliner Musikhochschule der Impuls Otto Warlichs: ein Drach-Schüler, der mir auch dessen Vorstellungen nahe gebracht hat. Ich hatte mich innerhalb des Musikstudiums für das Spezialfach Sprecherziehung entschieden, das auch im Staatsexamen ein Schwerpunkt war. Da ging es hauptsächlich um die künstlerische Arbeit. Dazu kamen sprechpsychologische und rhetorische Aspekte. Den „Fünfsatz" etwa, habe ich schon während meines Studiums kennengelernt – lange bevor er mir bei Hellmut Geißner begegnete, eben als Drach'sches Erbe.

UH: Durch Otto Warlich.

HMR: Durch Otto Warlich. Nun muss man sagen, dass damals die Sprecherziehung überhaupt durch Einzelpersonen vermittelt wurde. In Münster war damals Peter Otten – vor allem künstlerisch – die zentrale Figur, Winkler in Marburg, Geißner in Saarbrücken, und alle hatten irgendwie auch eine gewisse Aversion gegeneinander [lacht].

UH: Das gibt es eine Parallelität zu den Sprachgestaltern. Die Sprachgestaltungs-Ausbildungen waren sich lange Zeit auch nicht einig und jeder fand, dass der andere es nicht ganz richtig machte.

HMR: Ja, durchaus. Als Referendar kam ich zum ersten Mal mit dieser Gilde in Berührung. 1962 gab es in Münster die „Tage des Wortes". Die „Stunde des Wortes" war dort mit Rezitationsabenden schon eine wiederkehrende Einrichtung. Und Peter Otten veranstaltete damals die „Tage des Wortes" als eine Art Lehrer-Weiterbildung. Da kamen alle möglichen Koryphäen zusammen, neben Otto Warlich erinnere ich z.B. Vilma Mönckeberg – Rudolf Rösener macht innerhalb dieser Tage seine Sprecherzieherprüfung, die ich miterlebte. Da lernte ich die Sprecherzieher überhaupt erst als eine Gruppierung kennen, die gemeinsam ein bestimmtes Thema – auch mein Thema – bearbeiteten. Das war noch ein großer Unterschied zu dem, was heute Sprechwissenschaft ist. Wesentlich und vom Ursprung her – könnte man sagen – entwickelt als künstlerische Tätigkeit. Genau genommen ist die Sprecherziehung ja in den Anfängen von Schauspielern entwickelt worden.

UH: Ging aber dann aus dem Schauspiel auch heraus...

HMR: ..aus dem Schauspiel heraus, von Drach etwa in den Deutschunterricht übertragen und so weiter. Aber jedenfalls war dieses künstlerische Moment damals in Münster ein wesentlicher Aspekt – auch ich selbst durfte in diesem Rahmen als Warlich-Schüler zum ersten Mal auf der Studiobühne auftreten. Erst Hellmut Geißner hat benachbarte Wissenschaften zum Orientierungspunkt gemacht und damit eine „Sprechwissenschaft" entwickelt. Damals hieß es noch Sprechkunde, was ...

UH: altertümlich klang?

HMR: Ja, altertümlich, wie Erdkunde [lacht], oder eben auch „Menschenkunde". Auf Geißners Betreiben hin wurde das auf einer Tagung durch „Sprechwissenschaft" ersetzt. Er hat das ja dann später noch einmal in „Kommunikationspädagogik" abändern wollen. Das ist ihm aber nicht restlos gelungen.

UH: Was vielleicht auch gut so ist ...

HMR: ... ist vielleicht auch gut so. Da wäre der pädagogische Aspekt wieder zu stark. Sprecherziehung, wenn ich es jetzt mal für mich formuliere, ist ja eigentlich nur ein Teil dessen, worum es geht. Auch für mich ist das auch nicht nur die

Sprechkunst, sondern die Fähigkeit, sich öffentlich mit der ganzen Person und mit seinen Vorstellungen zu artikulieren. Auch Brecht spricht ja vom Theater als einer „öffentlichen Äußerung". Dazu gehört die Kunst, dazu gehört die Rhetorik und letzten Endes auch aktuell, wenn man so will, das Kommunikationsmanagement. Das ist ja heute ein Hauptaspekt. Also wer heute nicht coacht, der ist eigentlich kein Sprecherzieher.

UH: Ja, und ähnlich wie die Sprachgestalter haben auch die Sprecherzieher das Problem, dass viele sich nicht Sprecherzieher nennen, sondern eben Coach oder Kommunikationsberater.

HMR: Ja, genau. Für mich selbst allerdings blieb das Zentrum die „ästhetische Kommunikation".

UH: Kommen wir zum gestische Sprechen: das gibt ja auch bei Klawitter und Minnich. Beide Konzepte haben sich ungefähr zur gleichen Zeit entwickelt. Ich habe aber in der Literatur keine Hinweise gefunden, dass Sie von einander gelernt haben. Es war ja auch die Mauer dazwischen. Beide Ansätze heißen ‚gestisches Sprechen'. Welche grundsätzlichen Unterschiede würden Sie nennen?

HMR: Ich fing wie gesagt, Mitte der siebziger Jahre mit meinen Untersuchungen an. *Das gestische Prinzip* ist 1976 als „graue Publikation" noch in meiner Zeit an der PH Berlin erschienen. Und die ersten drei Kapitel zum Gestus in der Theaterarbeit, zum gestischen Sprechen und zum Gestus in der Musik habe ich wenig verändert in die Publikation von 1986 übernommen, dort gibt es ja auch eine Auseinandersetzung mit Autoren der DDR zum Gestus. Klaus Klawitter gehörte von Anbeginn zu der Entwicklung der Sprecherziehung in der Schauspielausbildung. Die Sprecherziehung in der DDR stand – könnte man sagen – unter der Vorgabe, eine Schauspielkunst mit zu entwickeln, die die Prinzipien Stanislawskis und Brechts zusammenfügte. Und wenn man das Buch *Schauspielen* von Ebert liest, in dem auch Klawitter über das gestische Sprechen schreibt, dann ist das eine solche Zusammenführung. 1989 – kurz vor der Öffnung der Mauer - hatte die DGSS ihre Tagung an der Hochschule der Künste in Berlin – organisiert von Thomas von Fragstein und mir. Da gab es erste Kontakte: Eberhard Stock und Egon Aderhold waren beispielsweise auf dieser Tagung. Nach der Wende kam Klaus Klawitter zu mir über die nun offene Grenze, hatte von meinen Untersuchungen des „gestischen Prinzips" gehört, und wir haben uns wechselseitig sehr interessiert unterhalten. Wenig später – da war ich schon an der Hochschule Hannover in der Schauspielausbildung tätig – lud er mich zu einem Kurs an die Buschhochschule ein. Wir haben seitdem ein fast fach-freundschaftliches Verhältnis zueinander entwickelt. Er sprach immer von den „Itters", wenn wir uns auf Tagungen begegneten – in Stuttgart etwa oder auf den beiden Tagungen zur Sprecherziehung in der Schauspielausbildung in München.

UH: Den Itters?

HMR: „Klawitter" und „Ritter" [lacht]. Wobei es natürlich schon unterschiedliche Akzente gab. Man könnte sagen, dass für ihn das gestische Sprechen ein schauspielerisches Sprechen ist, das wesentlich auf den Bühnenvorgang bezogen ist: auf das Sprechen der Figur aus der Bühnensituation heraus. Da werden Sie also kaum Reflexionen finden zum Gestus einer öffentlichen Person oder zu Momenten, wo ein Schauspieler aus der Figur heraustritt und als reale Person zum Publikum oder zu seinen Partnern spricht. Das ist heute – und zwar durch die in diesem Sinn geprägte Ausbildung in Halle – in gewissem Sinn immer noch so. Es gibt im Schauspiel natürlich das Figurensprechen aus bestimmten Haltungen heraus, aber es gibt auch den Bruch in der Figur mit der Wendung zum Publikum – schon in den Liedern der Dreigroschenoper – dieser Bruch ist also originär „brechtisch". Da treten die Schauspieler gleichsam aus ihren Figuren heraus, treten in ein besonderes Licht, die „Songbeleuchtung", und singen, durchaus auch als Figur, aber nicht als Figur *im* Spiel, sondern als das, was jetzt der Schauspieler über die Figur, und zwar über die Figur hinaus, und über sie als Gegenstand äußert.

UH: Und direkt zum Publikum.

HMR: Direkt zum Publikum. Das findet sich übrigens in vielen Schattierungen wieder in den Prinzipien des *Lehrstücks*, mit dem ich mich ja eine Weile hauptsächlich beschäftigt habe. Das *Lehrstück* lässt sich durchweg gestisch beschreiben – in den Spielmomenten oder den Chören ebenso wie in den Diskussionsmomenten, die das Spiel unterbrechen und den Fortgang des Geschehens oder den Gestus der Figur verändern oder zu einem Spielerwechsel führen – in einem neuen Gestus. Das heißt, der gesamte Prozess lässt sich gestisch beschreiben. Das gibt es übrigens auch in aktuellen Fragestellungen in der Theaterwissenschaft, etwa in der Universität Hildesheim geht es gar nicht mehr vor allem um die Aufführungen, sondern um die Probenprozesse – als ästhetisches Ereignis. In denen natürlich permanent dieser Bruch sich ereignet zwischen dem Spieler als realer Person und dem, was er als Figur macht und darüber hinaus der Bruch zwischen Spiel und Diskussion.
Wenn man einen Schnitt sehen will zwischen der östlichen – ich mache es jetzt mal an Klawitter fest – Position zum Gestischen und meiner eigenen, dann gibt es vielleicht ein vielfältigeres Verständnis des Gestusbegriffs bei mir. Ich begreife Brecht vielleicht etwas widersprüchlicher und zersplitterter oder auch offener in seinem Gestusbegriff. Dies unterschiedliche Verständnis findet man heute auch noch. Zum Beispiel gibt es in Bern ein Forschungsprojekt zum Sprechen im postdramatischen Theater, impulsgebend von Julia Kiesler betreut, die aus Halle kommt; da machen sie offensichtlich einen deutlichen Unterschied zwischen dem Gestischen als dem figureninternen Verhalten und Sprechen und dem Verhaltens-Bruch im postmodernen Sinn. Sie würde vielleicht sagen: „das ist dann nicht mehr gestisch, sondern postmodern" - für mich ist gerade das gestisch zu interpretieren.
Das gestische Moment des Sprechens endet ja nicht an den Grenzen des Theaters oder des Bühnenraumes, sondern bezieht sich generell auf menschliches Verhalten. Ich begründe das mit Brecht selbst, u.a. mit dem *Lied des Stückeschreibers* - für mich ein Schlüsseltext zum Gestischen: Der „Stückeschreiber" beobachtet Menschen, wie sie sich in der gesellschaftlichen Wirklichkeit verhalten und notiert ihre Haltungen. Wie sie an den Haltestellen stehen und warten. Wie sie dies, wie sie jenes machen, wie sie jemanden betrügen und wie sie sich betrügen lassen, er notiert „*die Worte die sie einander zurufen*" usw.. Das gibt er als Aufgabe an die Schauspieler weiter. Das gestische Original findet Brecht also in der Wirklichkeit. Diese Akzentuierung des gestischen Moments findet man schon im *Gestischen Prinzip* von 1975.
Eine Erweiterung über Brecht hinaus hat sich dann für mich durch andere Schauspieltheorien ergeben, u.a. durch meine Aufarbeitung von Michael Tschechow, durch die Beschäftigung mit Artaud und die Wiederannäherung an Stanislawski. Das heißt, ich habe, unabhängig von dem, was in der DDR als Wechselbezug von Stanislawski und Brecht verstanden wurde, für mich eigene Wechselbezüge entwickelt. Die habe ich zum ersten Mal auf dem Symposion der Internationalen Brechtgesellschaft 1992 in Augsburg vorgetragen. Mich beschäftigte bei diesem gesti-

schen Moment – nun auf das Schauspiel bezogen – u.a. die Frage: wie entsteht Verhalten aus dem Gestus, wie entsteht das Sprechen, wie entsteht eine Körperfiguration aus dem gestischen Impuls und aus situativen Momenten? Letzten Endes würde ich sagen, man kann letztlich keine Sprecherziehung betreiben, wenn man nicht vom Körper ausgeht und von dem, was der Körper „will". Dieses Prinzip des „Ich will", findet sich schon bei Stanislawski. Das ist bei ihm ein wesentlicher Aspekt, um Aktionsstrecken durch „Abschnitte und Aufgaben" zu begrenzen, dadurch dass man fragt: „Was will ich jetzt?" Und sei es nur: „Ich will jetzt die Tür aufmachen", oder „Ich will den anderen dazu bringen, dass er dies und jenes macht" - das wäre eine komplexere Form des „Ich will". Stanislawski reflektiert das nicht körperlich. Es steckt darin aber ein ganz wesentlich körperliches Moment. Was ich „will", organisiert den Körper in einer bestimmten Weise.

UH: Das hat Tschechow dann umgesetzt.

HMR: Ja, das hat u.a. Tschechow weiterentwickelt – etwa mit seinen Vorstellungen von der „psychologischen Geste" oder „Gebärde" oder der „Gestalt hinterm Wort". Aber auch Eugenio Barba mit seinem Begriff des „sats", dem Ansatz einer Aktion.

UH: Danke, dann würde ich gerne weitergehen. Ich habe mich auch mit Geißner beschäftigt in Bezug auf das strukturale Sprechen und das strukturale Hören. Geißner hatte sehr großen Einfluss innerhalb der Sprechwissenschaft. Ist das richtig?

HMR: Das ist richtig. Zumindest über eine lange Zeitstrecke. Das strukturale Sprechen oder das daraus abgeleitete „interpretierende Textsprechen" hat natürlich seine Impulse auch aus anderen Wissenschaften, etwa der Literaturwissenschaft. Bei Geißner ist es aber, vereinfacht gesagt, auch ein Versuch, das, was Dichtung an Strukturen liefert, in kommunikative Strukturen umzusetzen mit dem Ziel, es im „interpretierenden Textsprechen" nicht zum ausschließlich persönlichen Ausdruck dessen macht, der da spricht. Da gibt es dann diese „Feindbegriffe", etwa des „Rhapsoden", der einen Text gleichsam als „eigenen" wiedergibt und nicht reflektiert, wo da möglicherweise Widersprüche sind zur eigenen Person.

UH: Ich hatte den Eindruck, es geht bei den Disputen mit Geißner um die Frage, wie gehe ich an einen Text heran, wie verlebendige ich ihn – mir schien, dass Geißner sehr analytisch herangeht, während bei Ihnen die Suche nach der Gestaltung über eine Wahrnehmung stattfindet, die nicht in der Vorstellung verhaftet ist. Habe ich das richtig verstanden?

HMR: In der Tat, Geißner und ich, wir hatten eine, wie er das nannte, eine streitende oder streitbare Nähe [lacht]. Ich habe ihm zu ersten Mal auf der Tagung in Marburg 1983 öffentlich widersprochen anlässlich des Erscheinens seiner beiden grundlegenden Bücher Sprechwissenschaft/Sprecherziehung (unter dem schönen Titel: *Der Text als Partitur oder vom Buchstaben zum Ballett interagierender Subsysteme*) und habe das nach seinem Tode 2012 für mich noch einmal resümiert. Ich war ja zehn Jahre jünger, und zehn Jahre jünger – das ist ein gewisser heikler Altersabstand. Da beginnen die Hirschkämpfe [lacht]: Ist der Alte schon wegstoßbar [lacht] oder bin ich schon so stark wie er? Ich ging davon aus (ich war ja nie sein Schüler oder Student) ich könnte auf Augenhöhe mit ihm reden. Und das hat er offensichtlich akzeptiert – auch gerade trotz gewisser, auch grundlegender Differenzen im Verständnis des gemeinsamen Gegenstandes. Ein grundlegender Unterschied ist etwa der, dass es ihm darum ging, etwas in der Interpretation *nicht* zu vereindeutigen, und mir war es unzweifelhaft, dass im künstlerischen Akt etwas vereindeutigt werden muss. Selbst unter Einschluss von Brüchen, in denen möglicherweise diese Vereindeutigung auch gebrochen wird durch einen anderen Gestus, einen neuen Ansatz, der auch wiederum nicht endgültig ist, sondern immer revidierbar – unter anderen Aspekten, unter anderen Umständen, z.B. mit einem anderem Publikum. Dass sozusagen das Gespräch mit dem Publikum definiert, in welcher Weise ich meinen Gestus der Vermittlung entwickle. Und das ist übrigens – dieses „Gespräch" oder die „Rhetorizität" des Ästhetischen – auch bei Hellmut Geißner eine wichtige Sache gewesen.

UH: Dann war das der Hauptdiskussionspunkt und nicht so sehr die Art der Herangehensweise? Struktural sprechen oder struktural hören heißt ja, dass ich mich mehr mit der Textstruktur befasse und weniger mit dem psychologischen Gestus, oder? Aber das war nicht im Focus der Diskussion?

HMR: Worte erscheinen in der Literatur ja immer in Strukturen, und diese Strukturen sind etwas Eigenwertiges gegenüber den Bedeutungen einzelner Worte oder Äußerungen. Das könnte man vergleichen mit musikalischen Strukturen, für die der ausübende Musiker ein Auge und ein Ohr (und natürlich auch ein „Händchen") haben muss. Ich würde schon für mich in Anspruch nehmen, dass mir die Textgestalt oder die Struktur eines literarischen Textes durchaus ein Gegenstand ist – der Beachtung, wie der Bearbeitung, etwa zur Entdeckung und Differenzierung eines Gestus. Ein Beispiel: Nehmen wir an, wir haben ein Gedicht mit Zeilenbrüchen. Was passiert in dem Moment, in dem der Zeilenbruch sich auftut, dieses Enjambement, was geschieht da, sowohl rhythmisch-musikalisch oder schlicht bezüglich der Betonung als auch psychisch – in Bezug auf einen Denksprung oder ein Moment des Zögerns, des Anhaltens. Das wird von mir aus gesehen sofort umgesetzt in eine Haltung. Und das ist wieder, wenn man so will „brechtisch". Brecht hat etwa bei seinen lyrischen reimlosen Gedichten exemplifiziert, was er unter dem Gestus und dem gestischen Schreiben und Sprechen versteht[289]. Für ihn ist „gestisch schreiben" notwendig, damit es gestisch *gesprochen* wird. Er begründet z.B. auch, warum bestimmte Zeilen an bestimmten Stellen abbrechen, obwohl sie eigentlich weitergehen müssten, dem Sinne nach. Stockendes Denken könnte eine Ursache sein, oder wie er sagt: „gesellschaftliche Widersprüche", eine Spannung zu erzeugen könnte ein Ziel sein oder auch: eine Frage zu stellen innerhalb des Satzes, der keine Frage ist.

UH: Und es geht immer um die Wirkung. Brecht möchte nicht durch den Textfluss den Zuhörer ‚einlullen' und einschläfern, sondern immer aufwecken.

HMR: Ja, durchaus: um ihn wachzumachen, wachzuhalten. Damit dieser Auseinandersetzungsprozess zwischen Bühne oder Podium und Zuschauerraum immer ein Gesprächs- oder ein Austauschprozess ist – u.a. durch eine solche Zäsur: „Bist du auch jetzt an der Stelle, wo ich bin?" Oder: „Jetzt irritiere ich dich doch mal, und sage das und das". Das hat bei Brecht auch immer mit Momenten zu tun des Abwartens: Hat der andere begriffen? Brecht nennt das den „Nachschlag". Das ist einesteils ein sehr kommunikatives Moment, anderenteils kann es natürlich auch ein technisch steriles Moment werden, wie ich es durchaus sehr häufig gehört und gesehen habe. Dass sozusagen eine Strecke abgehandelt wird, dann wird eine Zäsur gemacht, dann wird eine neue Strecke abgehandelt ...

UH: Es wird formal abgehandelt...

[289] Brecht: Über reimlose Lyrik mit unregelmäßigen Rhythmen

HMR: Ja, wenn es formal abgehandelt wird, fehlt der durchgehende Fluss, es fehlt aber auch der Sinn der Zäsur.

UH: Tschechow nennt das auch die Komposition. Jedes Stück hat etwas rhythmisch Gegliedertes. Eines führt zum anderen, zwar mit Brüchen, aber in einer eindeutigen Gliederung, so dass sich alles immer aufeinander beziehen kann.

HMR: Ja. Also man kann es auch vergleichen – ich bin ja ein bisschen vom Klavier her großgeworden – mit dem, was man *üben* und *spielen* nennt. Oder analysieren: aha, das ist das Motiv, das muss herauskommen, aber natürlich im Zusammenhang mit dem, was vorher und nachher war und aus einem übergreifenden Impuls. Es darf nie der Eindruck entstehen, dass man sozusagen streckchenweise agiert oder an Strukturelementen operiert. Die Strecken müssen immer eingebunden sein, begründet durch das, was vielleicht an dieser Stelle anders wird. Aber es muss auch nachvollziehbar sein, und nicht nur „gestaltet".

UH: Begriffe, die ich gar nicht kannte aus der Sprachgestaltung, die mir aber in der Fachgeschichte der Sprechkunst dauernd entgegenkamen, sind diese polaren, auch polarisierenden Begriffe „Werksprecher", „Dichtungssprecher", „Dichtersprecher" -ganz verpönt- und „Selbstsprecher". Was halten Sie von diesen Zuordnungen?

HMR: Also, das sind zum Teil polemische Begriffe, um sich abzusetzen von etwas, was man für veraltet hält oder vielleicht ideologisch verdächtig findet. Es sind natürlich objektiv gesehen dann auch immer wieder bestimmte Begrenzungen oder Einschränkungen in dieser Tätigkeit. Nehmen wir den Dichtungssprecher. Das soll z.B. ein Sprecher sein, der sich ganz der Dichtung unterwirft und ihren emotionalen Forderungen, ihrer Gestalt, wie auch immer – polemisch würde ich sagen: der „Diener am Wort". Wenn man es richtig macht, dann muss erstens die Dichtung als eine Äußerung in sich stimmig bleiben oder in sich begründet, aber eben mit einem Hintergrund – von Vielem, was nicht gesagt ist. Was in den Text eingeflossen ist, oder in ihm heimlich wohnt, ohne dass man es ihm ohne Weiteres ansieht. Dichtung, das ist inzwischen wohl eine verbreitete Erkenntnis, ist nicht nur das, was da geschrieben steht, sondern auch, was in mir, dem Leser/Sprecher, lebt oder sich ereignet, was ich entdecke in der Dichtung. Was ich subjektiv entdecke.
Da gibt es dieses schöne Beispiel aus dem *Malte Laurids Brigge* von Rilke: Da sitzt der kleine Malte, ein Junge, neben seiner Gouvernante, also neben seiner Erzieherin und malt irgendwas, und sie sitzt nur dabei und liest. Und Malte sagt aus der Erinnerung [zitiert]: „*Sie war weit weg, wenn sie las. Ich weiß nicht, ob sie im Buch war. Sie blätterte selten um und ich hatte den Eindruck, dass sie Worte hinzu erfand, Worte die ihr wichtig waren,*" notwendig – sagen wir: um das zu verstehen, was sie las. Das ist ein schönes Beispiel dafür, was geschieht, wenn man ein Buch oder wenn man Literatur in die Hand nimmt. Man liest nicht nur Worte, man sieht Bilder und man sieht Räume. Woher hat man diese Bilder? Natürlich aus sich selbst. Es ist gar nicht anders möglich, Dichtung zu verstehen, wenn man sich nicht selbst in sie einbringt. Insofern gibt es den Dichtungssprecher gar nicht als von der Person getrennt, die spricht. Ein „Dichtungssprecher" ist eben nicht nur einer, der die Zeilen und Rhythmen richtig (auf)sagt, die Versmaße und die Reime betont oder nicht betont – sondern einer, der mit der Dichtung lebt. Das ist für mich ein ganz entscheidendes Moment. Das habe ich übrigens auch an Otto Warlich erlebt: der konnte auch nicht sprechen, ohne dass er etwas vor sich sah. Sobald er einen Text

sprach, war er in einer Situation. Denkt man den Dichtungssprecher für sich, ohne dieses Moment, dann ist er tatsächlich eine ärmliche Erscheinung.

UH: Ja. Wenn man den Dichtungssprecher so verstehen würde.

HMR: Das wäre so, als würde man in einem Gespräch immer nur das gelten lassen, was das Gegenüber von sich gibt, während man seine eigenen Gedanken und auch seine „Missverständnisse" nicht mit berücksichtigt oder einbezieht. Bei Humboldt heißt es: *„Es lässt sich das, was einer denkt, nie voll erfassen. Niemand kann den anderen so verstehen, so dass er denkt, wie er.*" Das ist übrigens etwas, was auch Geißner schon sehr früh betont hat.
Wenn man das auf diese eher polemischen Begriffe bezieht, dann wäre der richtige Dichtungssprecher einer, der *sich* einbringt in die Dichtung. Der Rhapsode wäre – polemisch gesagt – derjenige, der Dichtung nur benutzt um sich auszuleben vor dem Publikum. Aber natürlich gehört auch das dazu. Sich ausleben heißt, Dichtung in sich hineinzunehmen und wieder aus sich herauswachsen zu lassen. Wenn man da die Eitelkeiten, die da auch eine Rolle spielen, abstreicht, dann ist das ganz normal oder sogar notwendig. Und die alten Rhapsoden waren ja gerade diejenigen, die Wirklichkeiten herstellten über Worte.
Was mich jetzt, nebenbei in Klammern gesagt, derzeit auch mal wieder beschäftigt sind Rhapsodien von Brahms. Warum sind das „Rhapsodien" oder warum sind die „Balladen" von Chopin Balladen? Was erzählen sie? Was ist das Erzählmoment in der Musik? Ab welchem Punkt kann man sagen: Aha, hier erzählt die Musik etwas. Und das wäre gewissermaßen ein musikalischer Gestus, der sich in Tönen äußert. Aber er äußert sich auch in Haltungen – etwa in der Agogik, im Dynamischen, das heißt: man muss an diese Musikstücke herangehen mit bestimmten Vorstellungen von Haltungen und sie realisieren. Darüber steht auch einiges im *Gestischen Prinzip* vor allem bezogen auf Weill und Eisler. Man kann natürlich auch sagen: Gott, ja, das sind Virtuosen, die wollen nur das Publikum begeistern mit ihrer Technik. Nein, man kann genauso gut sagen, das ist eine Kommunikationsform. Dazu gehört auch, dass man wirken will. Wenn man von einem anderen Punkt aus denkt, also meinetwegen nur vom Strukturalen, dann wären das natürlich Auswüchse des Kunstbetriebs, Deformationen. Das ist aber im Einzelfall gar nicht gesagt.
Ich habe beispielsweise einen Rezitator vor Augen, der kam regelmäßig in das Heim meines Vaters, das war der Karl Barkmann.

UH: War das ein Sprachgestalter?

HMR: Nein, das war ein Rezitator „alter Schule", der Balladen sprach, Kleist-Anekdoten oder auch den Rilke'schen Cornet. Der hatte eine wunderbare Stimme – man konnte sich in seiner Stimme baden. Das waren musikalische Ereignisse. Und er wäre wahrscheinlich genau das gewesen, was man als Rhapsoden bezeichnen könnte. Aber er bewirkte ein ungeheures Miterleben. Man darf also, wenn man vom Rhapsoden spricht, nicht immer nur an der Bühnenkante aufhören zu denken und zu urteilen, sondern sollte fragen: was vermittelt denn das den Zuhörern an Eindrücken?

UH: Und ist dieser Rhapsode selber sehr in das Erlebnis eingestiegen, hatte man das Gefühl, er persönlich erlebt das, was er schildert im Sinne von intensiver Einfühlung?

HMR: Das könnte man sagen.

UH: Steiner definiert ja Episches, Lyrisches und Dramatisches so, dass man im epischen Sprechen das Bild erschafft und zur Verfügung stellt, also mehr bildschaffend, mehr schildernd tätig ist, und weniger sich dazu positionierend oder kommentierend. Und durch dieses Zur-Verfügung-Stellen des Bildes, ich würde jetzt mit Ihren Worten sagen in diesem „ästhetischen Raum", wenn er zustande kommt, kann der Zuhörer dieses Bild erleben, ohne dass er geführt wird in eine bestimmte Art des Erlebens. Wäre das so etwas, wie dieser Rhapsode das gemacht hat, oder ganz anders?

HMR: Das sähe ich anders [lacht. Auch der Erzähler hat ja ein ganz bestimmtes – auch emotionales – Bedürfnis, sich zu äußern, er hat bestimmte Vorstellungen, wie etwas war, und wünscht sich, wenn man ihm zuhört, dass diese Vorstellungen zumindest wahrgenommen würden.

UH: Und wahrnimmt, wie er sich zu diesem Gewesenen positioniert?

HMR: Ja. Der Begriff des „ästhetischen Raumes", wie ich ihn verstehe, ist ein gemeinsamer Raum aus Vorstellungen, auch wenn die geäußerten Worte in jedem Zuhörer immer jeweils eigene Vorstellungen auslösen. Aber diese Vorstellungen sind wechselseitig aneinander gebunden durch die geäußerten Worte.
Zu der epischen Haltung bei Steiner hätte ich auch gewisse Gegenvorstellungen. Wenn man so will kommen die wieder von Brecht her. Wenn man etwa vom epischen Theater spricht, dann ist es eben nicht ein neutral Erzählendes, das gibt es gar nicht, würde ich sagen. Weil immer, wenn jemand erzählt, eine Perspektive auf die Dinge da ist, ein Standort und ein Standpunkt, zweitens ein Gefühl zu den Dingen – ob es eine schreckliche Geschichte ist, eine witzige Geschichte, etwas Aufregendes oder etwas Sonderbares. Und in diesen Schattierungen äußert sich eine Haltung. Die Haltung dessen, der das, ich sage mal in Anführungsstrichen: „gesehen" hat" – oder gehört – dem Sinn nach: mir wurde erzählt, dass da und da das und das geschah.

UH: Dann ist es vielleicht der Grad dieser Einfühlung, der variabel ist. Ich kann ja so erzählen, als wenn ich ganz intensiv involviert gewesen wäre in eine Geschichte. Und ich kann so erzählen, als wäre ich nicht selbst involviert. Also der Grad der epischen Distanz wäre somit veränderlich?

HMR: Der ist veränderbar, natürlich. In meinen Begriffen sind das Haltungen, die da verändert werden. Ich kann mitreißend erzählen und ich kann distanziert erzählen.

UH: Ich denke z.B. an die Pädagogik. Ich habe mit Studenten zu tun, die Kindern Märchen und Geschichten erzählen sollen. Deren erste Vorstellung ist oft, dass ihre Erzählung sehr spannend und dramatisch werden muss, damit die Kinder überhaupt richtig zuhören. Ich versuche ihnen zu zeigen, dass sie, wenn sie sehr dramatisch sprechen, die Kinder mehr in Gefühle hineinziehen, statt ihnen innere Bilder zu vermitteln. Sterntaler läuft alleine durch die Nacht - wenn ich das mit mitleidigem Unterton erzähle, dann müssen die Kinder in dieses Mitleid mit hineingehen. Wenn ich aber nicht mitleidig erzähle, sondern Bilder und Handlungen entfalte, dann kann sich das Gefühl dazu beim Kind selbst einstellen. Ich bezweifle, ob der Sprecher sich wirklich immer so deutlich positionieren muss. Beim Märchenerzählen funktioniert das meines Erachtens nicht.

HMR: Ja, da kommt es eben drauf an, was und wem ich etwas erzähle.

UH: Genau. ja.

HMR: Also wenn ich zum Beispiel meinen Enkeln Geschichten erzähle, dann sind die einfach gespannt: was kommt denn jetzt? und was jetzt? und was jetzt? Das heißt, es ist da ein offener Ereignisraum, der allmählich sich füllt. Das allein ist offensichtlich schon spannend. Weil sie dadurch erleben, dass Ereignisse immer weitergehen – mit der Frage: Und was war dann? Und dann? Und was kam dann?

UH: Das ist die Haltung der Kinder.

HMR: Das ist die Haltung der Kinder. In dem Moment, in dem man das überdramatisiert [mit spannungsgeladenem Tonfall: „Und dann kam….."], „behauptet" man eine Emotion und legt Kinder möglicherweise in bestimmter Weise fest, weil sie nicht genügend Eigenpotential dagegen setzen können. Je älter die Kinder werden, desto mehr kann man sie auch mit etwas packen oder konfrontieren. Und bei erwachsenem Publikum, würde ich sagen, ist es notwendig, diese eigene Vorstellung und dieses Eigene zu präsentieren, nur so kann ihr auch widersprochen werden. Das könnte vielleicht ein grundsätzlicher Unterschied zu Hellmut Geißner gewesen sein, der das offen lassen wollte. Ich hätte dagegen gesagt, jemand der sich nicht bekennt zu dem, was er sagt, sondern etwas offen lässt, der hat keinen künstlerischen Griff. Was nicht heißt, dass nicht bestimmte Sachen tatsächlich offen bleiben können oder müssen. Da wo, sagen wir mal, und da sind wir wieder beim Strukturellen, wo die Literatur, der Text selbst seine offenen Stellen hat.

UH: Sehr schön. Zur nächsten Frage: Ich habe einen Artikel gelesen von Wernfried Hübschmann. Er hat die sogenannte Richtigkeitsbreite thematisiert. Was mir positiv aufgefallen ist: Er hat problematisiert, dass man das Dichtungssprechen per se als Unterbereich der Kommunikation behandelt, und hervorgehoben, dass die Begegnung zunächst einmal zwischen Künstler und Werk stattfindet. Weiterhin dass der Künstler, wenn er dem Werk begegnet, eigentlich nicht sofort im Hinterkopf hat: „wie stelle ich das jetzt dar?" sondern: „wie bewegt mich das, wie bewegen wir uns zusammen, wie komme ich mit diesem Kunstwerk in ein Gespräch?" Er wünscht sich eine Offenheit dahingehend, dass das Kunstwerk mich verändert und nicht *ich* das Kunstwerk handhabe. Das fand ich sehr ansprechend und habe mich gefragt, ob das nicht auch in Ihrem Sinne gesprochen ist? Ein ‚ästhetischer Raum' entsteht ja eigentlich nur dann, wenn zwischen mir und dem Kunstwerk eine Begegnung schon stattgefunden hat und dadurch ein neuer Raum entstanden ist, in den ich dann den Zuhörer mit hineinnehmen kann.

HMR: Dieser Aufsatz bringt mit der Richtigkeitsbreite eine bestimmte Richtung der Sprechkunst zur Sprache, die davon ausgeht, dass Literatur/Dichtung nicht eng und schematisch, sondern in der Interpretation mehr oder weniger weit gefasst werden kann. Richtigkeitsbreite heißt dann u.a. auch, welche Emotionen ich da herauslese oder hineingebe und damit: welche Haltungen. Aber es sollte doch immer das Gedicht oder der Text eines bestimmten Autors bleiben. Ich darf Goethe nicht zu...

UH: ...Schiller machen?...

HMR: ..., ja, zu Schiller, oder meinetwegen auch nicht zu Rilke. Das ist in bestimmter Weise schon ein nachvollziehbarer Standpunkt. Aber es ist auch ein begrenzter oder begrenzender Standpunkt. Wenn man etwa an das heutige Theater denkt, da stürzen die Richtigkeitsbreiten vielfach breitseitig zusammen [lacht].

UH: Was nicht unbedingt ideal sein muss.

HMR: Das muss nicht ideal sein, aber es geht, sagen wir mal, um es auch wieder verkürzt zu sagen, eben nicht mehr um ein Bildungstheater, in dem einem Publikum z.B. *Antigone* nahe gebracht wird, so wie sie damals gedacht war. Oder wie die Klassik sie gedacht hat. „Werktreu" gleichsam. Schon bei Shakespeare wäre das problematisch, weil die Aufführungsformen ja ganz andere waren. Wichtiger ist die Grundfrage: was können wir heute damit anfangen? Was bringt uns das, was sagt uns das? Wo finden wir in dem Stück Anknüpfungspunkte für heute? Was wäre z.B. der Chor von damals heute? Oder wie könnte man ihn verstehen? Ich denke jetzt z.B. an die *Orestie* – inszeniert von Peter Stein, mit dieser Chor-Version, wo die Schauspieler nicht einfach rhythmisch gesprochen haben. Dieser Chor war gewissermaßen in einer griechischen Männerkneipe angesiedelt mit alten Männern, die nicht mit in den Krieg vor Troja gefahren waren und die da durcheinander sprechen, so wie so Leute in einer Kneipe. Sie haben immer wieder auch rhythmisch gesprochen, aber gleichsam situativ: sie kommen sozusagen plötzlich gemeinsam auf den gleichen Gedanken, ein gemeinsames Wort, das sie rhythmisch zusammenschweißt. Eine solche Aufsplitterung des Chores mit gelegentlichen gemeinsamen aus einer Idee geborenen rhythmischen Partien hat sich Aischylos sicher nicht vorgestellt – der Chor war ja schlicht gesagt: ein gesungener Gruppentanz. Aber es ist gleichsam ein Blick in eine Vorform dieser Chorsituation. Welche realen Bilder hatte der Dramatiker möglicherweise, als er diesen Text schrieb. Wo könnte der in der Wirklichkeit angesiedelt sein. Umgekehrt fragen wir heute wiederum nicht, wo könnte das gewesen sein, sondern: wo und wie könnte das heute geschehen? Und bei bestimmten aktuellen Inszenierungen älterer Stücke kann man dann überhaupt nicht mehr von einer Richtigkeitsbreite sprechen, das sind zertrümmerte Stücke – veredelt könnte man sagen: postdramatisch, dekonstruiert. Aber sie sagen uns trotzdem etwas.

UH: Da bin ich ganz einverstanden. Ich habe auch Hübschmann nicht so verstanden, dass er die Richtigkeitsbreite oder die Kriterien, die da diskutiert waren, verteidigt, sondern eher, dass er etwas dagegen setzt. Nämlich, dass man dem Kunstwerk *begegnet* und dass in dieser Begegnung mit dem Kunstwerk, nicht gleich mit Blick auf das Publikum, - etwas Neues entstehen kann.

HMR: Richtig. Das würde ich unterstreichen. Das Erste ist: ich lerne einen Text kennen, ich lerne eine innere Welt kennen, ich verbinde sie mit mir, ich mache mir *meine* Vorstellungen, was das bedeutet. Und viele bleiben ja an der Stelle dann auch stehen: „war ein tolles Buch, was ich da gelesen habe" und "gut, jetzt lese ich das nächste". Und andere bleiben da eben nicht stehen und sagen: Das könnte für Viele wichtig sein. Das will ich auf die Bühne bringen. Das war im Übrigen eine ganz frühe Motivation für mich, so was zu machen, oder besser: eine frühe Erfahrung, dieses Bühnenmoment: Man sagt etwas und das steht im Raum – die Leute sind still und hören zu und denken sich etwas dabei. Diese Spannung zwischen dem Gesagten, dem Gehörten und dem Vorgestellten und Gedachten in der Stille – das hat mich von Anbeginn fasziniert. Das ist natürlich auch Kommunikation. Aber es ist eine indirekte Kommunikation. Ich sage das letztlich nicht, um das zu bewirken, sondern ich sage etwas und erlebe in diesem Augenblick, dass etwas so wirkt. Und wenn man selbst Stücke oder auch Texte liest, dann erlebt man diese Momente, man könnte fast sagen: zwischen den Buchstaben und sich selbst. Oder zwischen der eigenen Vorstellungswelt: wie sich da eine Buchstabenreihe plötzlich verwandelt in ein Bild, eine Vorstellung, auch als ein zeitlicher Vorgang. Ich lese zum Beispiel, wenn ich mich auf so etwas vorbereite relativ langsam, werde gleichsam von Vorstellungen aufgehalten – ich denke da an das erwähnte Beispiel aus

dem *Malte*. Ich kann natürlich auch schnell lesen. Also Examensarbeiten z.B. liest man auch mal schnell, nicht wahr [lacht]. Wenn man sich sagt, ach so, das meint sie und das ... [lacht].
Aber damit kommt man einem Text nicht bei. Damit kommt man auch einem Gedanken nicht bei. Es gibt vielmehr immer wieder Punkte, wo man anhalten muss, um einen Gedanken zu fassen und ihn zu entfalten. Und das gibt es auch im kommunikativen Raum immer wieder oder im ästhetischen Raum: diese Momente des Stehen-Bleibens. Was ereignet sich da? Wo wendet sich das Geschehen hin? Wie kam es dazu? Und diese Momente – würde ich jetzt mal in Bezug auf Hübschmann und die „Richtigkeitsbreite" sagen – sind eigentlich die primären Erfahrungen und Erlebnismomente mit einem Text, die fruchtbar werden können, wenn man sich damit nach außen wendet. Es ist also letztlich nicht die Frage, ob etwas in einer bestimmten Breite „richtig" ist, sondern: ob man selbst etwas erlebt und erfahren hat, wenn man sich anmaßen will, das auf die Bühne zu bringen und zu äußern – erst da erweist sich die „Richtigkeit".

UH: Unbedingt, ja.
Ich würde gerne noch einmal auf das Thema bildhafte Darstellung und Gefühlsäußerung zurückkommen. Das ist ein Aspekt, mit dem die Sprachgestaltung anders umgeht als das Gestische Sprechen. Steiner unterscheidet ja Konsonanten und Vokale: Vokalisch ist mehr die unmittelbare seelische Äußerung, ursprünglich, und im Konsonantischen versuchte der Mensch, das, was er in der Außenwelt wahrnahm bildlich darzustellen. Das heißt, wenn ich etwas darstelle, ist das zunächst nur ein Bild. Die eigene Empfindung oder Positionierung muss nicht unbedingt zugleich vermittelt werden. Das würde aber dann ihrer Auffassung vom Gestischen Sprechen widersprechen. Gibt es das Ihrer Auffassung nach oder eher nicht?

HMR: Na ja, Sie wissen, dass ich mit Lautgesten arbeite.

UH: Ja, das weiß ich. Dazu kommen wir sicher gleich noch.

HMR: Ich habe natürlich gewisse Einflüsse meines Vaters auch in Bezug auf Sprechweisen erfahren. Nicht unbedingt in diesem engen Steiner'schen Sinne – obwohl er in seinem Buch „Die Kraft der Sprache" auch solche Aspekte einbringt, etwa in dem Sinn, dass bestimmte Vokale eher Weltöffnung sind und das man sozusagen in dem Lautgeflecht der Sprache die ganze Welt auch in ihrer Dinglichkeit erfahren kann. Das ist wie gesagt nicht mein Anliegen. Mich interessiert anderes.
Was mich etwa an Tschechow interessiert hat, der ja von Steiner stark beeinflusst ist, waren zwei Elemente. Einmal die Dreiteiligkeit der Aktion, die Tatsache, dass alle Aktionen immer einen Vorlauf und am Ende eine Art Echo haben, der mittlere Teil ist die Aktion im eigentlichen Sinn. Zum Beispiel sagt Tschechow: „mache große Bewegungen", und die atmende Ausholbewegung geht in die eigentliche Geste, die Aktionsbewegung hinein. Und dann steht die Aktion für einen Moment still in einer Art Fermate, einem Aktions-Echo. Das ist etwas grundsätzlich sehr Künstlerisches, was man auch in jeder guten Musik finden kann. Aber eben auch im Körperlichen findet. Um etwas zu tun, muss ich ausholen. Und zwar nicht irgendwie, sondern auf diese Aktion hin. Und wenn etwas sich ereignet hat, dann hat es sich ereignet und steht für einen Augenblick im Raum. Tschechow spricht von großen Bewegungen: Mache große Bewegungen im Raum. Ich habe die Laute hinzugefügt. Und dabei erfährt man, dass alle Laute – Vokale wie Konsonanten – unterschiedliche Aktionsbewegungen suggerieren: raumöffnende, raumdurchstoßende oder durchschneidende, zielende, berührende, malende usw. Das habe ich erweitert auf

alle gestische Aktionen: einen Satz, eine Satzfolge oder ganze Äußerungseinheiten. Ich kann einen Vers nehmen, auch Verse, die als Verse gleichsam abbrechen, obwohl der Sinn weitergeht, und die dann einen neuen Aktions-Impuls bekommen. Man kann es mit dem unterschiedlichen Beschleunigen und Abbremsen im Serpentinen-Fahren vergleichen. In gewissem Sinne ist das Verssprechen auch so eine Art Serpentinen-Fahren (ursprünglich ist der Vers ja eine Wendung in der Tanzbewegung – beispielsweise von rechts nach links). Man kann damit sogar der Dynamik des Denkens auf die Spur kommen. Und das ist auch etwas, was sich mit dem Brecht'schen Gestus, dem gestischen Abschnitt trifft oder auch mit den Aktions-Strecken von Stanislawski – also den Abschnitten und Aufgaben, dem „Ich will". Tschechow bringt aber etwas hinzu, was einmal sehr musikalisch und rhythmisch, und zweitens sehr körperlich ist – dieses körperliche Moment hat Brecht und Stanislawski offensichtlich nicht in erster Linie interessiert.

UH: Steiner hat in die Ausbildung der Sprachgestalter den griechischen Fünfkampf integriert. Beim Diskuswerfen und Speerwerfen finden wir auch diese Art der Vorbereitung.

HMR: Die Ausholbewegung, ja.

UH: ... und dann sich in den Raum begeben, oder mit dem Speer nach zu hinten gehen. Hier findet sich genau dieser Moment. Wir haben das in der Ausbildung sehr ausführlich gemacht.

HMR: Richtig. Und auch der Moment, wo der Speer dann ankommt und eine neue „unfassbare" Weite erzielt [Geste] "Wahnsinn" [lacht].
Also – anders gesagt: das Ereignis, das sich vollendet hat. Und das, um jetzt noch einmal auf diese Lautgesten zu kommen, führt dazu, dass man sich die Laute genauer ansieht. Was für Wege im Raum wünschen sie sich? Das ist nun etwas anderes als das, was Sie von Rudolf Steiner sagten. Aber doch auch nicht ganz etwas anderes. Ich hatte speziell ein Interesse an der Frage: Was für Widerstände bietet der Mund, bieten die Artikulationsorgane, bietet der Körper in der Äußerung gerade dieses Lautes? Wodurch ist er charakterisiert? Und dann kommen z.B. „Lautbänder"[Geste] zustande - dadurch, dass ich das, was sich in der Zeit abspielt, in den Raum lege. Das hat hier seinen Anfang und hier sein Ende. Die „große Bewegung" nach Tschechow ist hier eine „Lautgestalt". Ein Klangereignis. Und dabei erfährt man, dass manche Laute eine kurze Aktionsstrecke herausfordern, zum Beispiel das K . Das ist bei mir eine Geste [angewinkelte Arme am Körper, sehr aufrecht] mit hoher Körperspannung, die sich kurzzeitig gegen einen Widerstand entlädt. Oder das Ss [Geste: Hände und Arme in Schlangenlinien vorwärts: Ssssss Ssss] – weg ist es. Diese Bewegung hängt unter anderem mit der Beobachtung der Luftbewegung zusammen. Bei meinem S sitzt zum Beispiel die Zunge oben: Sss. Was muss die Luft machen? Die geht oben an der Zahn-Kante entlang und kommt dann unten wieder raus und geht in einer Schlangenbewegung zwischen den Widerständen der Zahnkanten ins Freie. Daraus entsteht in der Vergrößerung dann die geschwungene Körperbewegung mit der vorgestreckten schmalen Hand, die den Raum durchschneidet.

UH: Die Bewegungen, die Sie machen und ihre Schilderungen zu den Lauten ähneln sehr den Lautgebärden, die wir in der Sprachgestaltung kennen. Es scheint irgend einen objektiven Bewegungsduktus zu geben.

HMR: Zumindest einen nachvollziehbaren, der eine natürliche Richtigkeitsbreite oder Schwankungsbreite hat. Jedenfalls suche ich da nach Vergrößerungsmöglichkeiten von Minimalereignissen. Und damit kommt man indirekt in eine Gegenposition zu den Sprachentstehungstheorien, von denen Sie vorhin sprachen: dass die Laute nur „ausgedacht" und „vereinbart" wären. Als ob da am Anfang der Sprache und des Sprechens eine „Gelehrtenrepublik" zusammengesessen hätte, die entscheidet, wie wir dies und das mit Lauten am geschicktesten bezeichnen könnten.

UH: Und dann das auch noch verbreitet.

HMR: Ja, das dann auch noch verbreitet, so dass das alle lernen und keiner widerspricht. Als ob es Sprachschulen gegeben hätte, die das beigebracht hätten. Das wäre eine sehr seltsame innerwissenschaftliche Vorstellung, die eigentlich mit dem Leben nichts zu tun hat. Das heißt, über die Entwicklung der Sprache zu philosophieren, ohne die Lebensverhältnisse, ohne die Aktionsformen, ohne Reaktionslaute aus diesen Aktionen mit den Elementen der Welt zu kennen oder auch das mimetische Moment einzubeziehen. Wenn da beispielsweise eine Riesenwolke auf mich zukommt, von der ich nicht weiß, ob der Gott, der dahinter steckt, gleich zuschlägt, [spielt Situation vor, macht Atemgeräusche, lacht] – auch aus solchen Gefühlen, Erwartungen, Ängsten ergeben sich Lautformen. Insofern bin ich durchaus der Meinung, dass die Sprache aus Aktionen, aus Haltungen, aus der Konfrontation mit Dingen, mit einem Gegenüber entstanden und nicht intellektuell erdacht worden ist – allerdings vielleicht in Ritualen weiterentwickelt wurde.

UH: Und vielleicht auch aus einem Spieltrieb zum Beispiel heraus, aus einer kreativen Ambition.

HMR: Zum Beispiel, aber eben auch aus einer Tätigkeit, dem Fummeln zum Beispiel mit irgendwas [Geste und gestische „vorsprachliche" Geräusche, lacht]. Das kann man ja an den kleinen Kindern schon beobachten.

UH: Sie kennen sicher die Forschungen von William S.Condon aus den 70er Jahren. Er hat Menschen gefilmt, die sich unterhalten. Diese Filme wurden dann extrem verlangsamt abgespielt. Dabei hat man festgestellt, dass die Synchronisierung auf Sprache sehr stark ist. Dass die Art der Mikrobewegungen, die ein Sprechender macht, ganz synchron gehen mit denjenigen des Zuhörenden. Man kann also sagen, dass man sich beim Zuhören von Sprache in Bewegung versetzt. Condon hat dann den Begriff gebraucht, dass der Mensch auf Sprache innerlich tanzt. Das ist ein interessantes Phänomen auch im Hinblick auf das Sprechenlernen bei Kleinkindern.

HMR: Genau. Die Tatsache, dass man, um Sprache zu erzeugen, Bewegungen machen muss, die hier [zeigt auf den Mund] nicht aufhören, sondern die sich im ganzen Körper verbreiten oder von ihm ausgehen, hat natürlich auch zur Folge, dass, wenn man solche Laute hört, sich eigene ähnliche Bewegungen einstellen. Das ist ja eine anerkannte Tatsache, dass sowohl die gehörten oder wahrgenommenen als auch die selbst produzierten Vorgänge ähnliche Gehirnregionen involvieren.

Die Entstehungstheorien von Sprache sind häufig zu monolithisch, oder – so ähnlich wie der Dichtungssprecher oder der Rhapsode eben – auf eines reduziert. Und vor allem gibt die Vorstellung einer Entstehung von Sprache als einer bloßen Vereinbarung natürlich keinen schöpferischen Impuls für künstlerische Tätigkeit. Dann wäre auch die Lautqualität von Literatur und Poesie Schall und Rauch.

UH: Die ja immerhin anerkannt ist.

HMR: Sie ist jedenfalls vielfach reflektiert. Die Alliteration oder die Stabreimdichtung oder der Versfuß und so weiter – natürlich, sie sind auch Gedächtnisstützen, sind auch, sagen wir mal technische, arrangierte oder verabredete Formen. Aber letzten Endes, der Ursprung ist noch etwas anderes: da sind körperliche Bewegungsformen und Tänze oder musikalische Momente involviert. In diesen Punkten folge ich im übrigen Artaud und seiner Vorstellung, dass Worte oder Literatur für die Bühne nicht der eigentliche Ausgangspunkt sind, es liegt etwas davor. Wir müssen – sagt er sinngemäß – eine Sprache finden, die am Ursprung des Gedankens zuhause ist. Und in diesem Ursprung des Gedankens, findet Artaud die Geste, die Gebärde, im Ursprung, im Entstehen des Gedankens oder des Willens oder: der „Motivation". Da greife ich im Übrigen auf Wygotski zurück, der eben dieses sagt: Die psychische Motivation ist der Ursprung des Sich-Äußerns. Diese psychische Motivation von Äußerungen müssen wir finden, aber sie ist auch nicht nur eine psychische, sondern ist gleichzeitig eine körperliche „Motivation", ein „in Bewegung Setzen". Von diesem Ursprung des Gedankens her können wir überhaupt erst Sätze äußern, die ein Teil dieses Gedankens sind. Es ist ja nie der ganze komplexe Gedanke, der geäußert wird. Übrigens: Auch in der Theaterpädagogik sollte das eine Rolle spielen – in der Hinsicht, dass man, wenn man spricht, etwas über Verhaltensweisen und Haltungen in der Wirklichkeit erfährt, oder umgekehrt sich um entsprechende Impulse bemühen muss, und wegkommt von dem alten Schultheater mit den auswendig gelernten Texten, wo die Spieler dastehen und vielleicht noch die berühmt-berüchtigten „Tannenbaumbewegungen" machen [Geste: beide Arme öffnen parallel nach vorne]

UH: Diese Bewegungen waren sehr verbreitet. Ich habe mich immer gewundert, wieso Schüler, wenn sie auf der Bühne stehen und es mit Text zu tun kriegen, automatisch diese Gesten machen.

HMR: Na, ja, es gibt ja auch Leute, die machen das im täglichen Leben mechanisch immer wieder. [lacht] Das ist eben eine übliche Geste des Anbietens: Ich habe was erfahren, was gelernt, das biete ich jetzt an. Aber das ist gestisch natürlich nur die schlichteste Form des Mitteilens von Wirklichkeiten.

UH: Genauso wie die Zeigegeste.

HMR: Aber auch die ist etwas Ursprüngliches. Kleine Kinder zeigen auf etwas und sagen vielleicht: da da ... Ja, was heißt das? Das ist ein Gedanke, der wächst, oder eine Wahrnehmung: da ist was! oder: „guck mal, was ich da sehe!". Also: alles ist nicht nur das, was es äußerlich erscheint. Sondern alles hat tiefere Gründe und ist etwas viel Umfänglicheres, als was man sieht. Und das ist, glaube ich, das Wesentliche, dass man an diese tieferen Gründe herankommt. Und das enthält auch die Arbeit mit den Gesten nach Tschechow: Alles was ich tue, geht aus von diesem Ausholen, dem Atem- und Willensimpuls [Geste mit Einatmung] – der nicht identisch ist mit der eigentlichen Aktion, aber auf sie hin konzipiert ist und sie bereits vorab, -und nach dieser Aktion das Erlebnis noch als Nachklang- enthält: ich habe also etwas Ganzes oder den Teil eines Ganzen oder etwas (mir) Wichtiges in den Raum gestellt: die *Gestalt*.

UH: Und der Einatmungsvorgang hat mit dem Wahrnehmen zu tun. Das heißt, ich nehme mein inneres Bild, meine Vorstellung oder meinen Willen wahr, um ihn dann in Sprache umzusetzen.

HMR: Zum Beispiel. Ich berufe mich da auf Eugenio Barba und das schöne Bild von dem Läufer in Startposition und seinen Begriff des „sats“ - s a t s = „Ansatz“: Immer, wenn ich etwas erreichen will, stoße ich mich ab von dem, was jetzt ist und gehe in etwas Neues hinein – mit dem Bewusstsein, dass meine Kraft oder Energie dafür ausreichen muss. In diesem „sats“ (oder in der Ausholbewegung bei Tschechow) liegt das Atemfundament. Bei vielen Sprecherziehern – oder auch zum Beispiel bei Gesangspädagogen – kritisiere ich gern, dass sie zu statisch bleiben und zu sehr an Einzelbereichen herumoperieren, um etwa die „Stütze“ zustande zu bringen, statt diese sogenannte „Stütze“ aus einem Grundimpuls des Aktionsansatzes zu entwickeln, der so und so lange tragen soll. Es gibt, wenn ich es mal so sagen darf, keine Stütze, die nicht bezogen ist auf eine ganz bestimmte Strecke und einen ganz bestimmten Charakter einer beabsichtigten Aktion oder Äußerung. Ich selbst benutze diesen statischen Begriff „Stütze“ ohnehin nicht, ich spreche von Atemspannung, einer Körper-Atem-Spannung, die bezogen ist auf das, was sich jetzt ereignen muss. Und sei das eine lange Melodiephrase.

UH: Hier sehe ich eine Gemeinsamkeit mit der Sprachgestaltung. Der Atem wird immer im Zusammenhang mit dem Zu-Sprechenden geübt. An dem, was in der Sprache erklingen soll, bemisst sich der Atem. Manche Sprechübungen sind reine Atemübungen. Einmal für die Deklamation und einmal für die Rezitation. Mit unterschiedlichen Zeilenlängen, unterschiedlichen metrischen Differenzierungen usw., aber so, dass man seinen Atem an etwas Zu-Sprechendem übt. Ich finde sie sehr organisch.

HMR: Ja. Ich arbeite auch, wenn ich an dem Zielpunkt Atem-Spannung arbeite, erst körperlich.

UH: Kommen wir zu einer weiteren Frage: Bei Steiner gibt es keine klare Unterscheidung zwischen den Begriffen Gebärde und Geste. Er benutzt beide Begriffe synonym. Was ist in ihrem Verständnis der Unterschied zwischen beiden?

HMR Ich trenne die beiden Begriffe nicht ganz scharf und gebrauche sie durchaus manchmal synonym. Die Geste von ihrem Bedeutungsfeld her erscheint vielleicht etwas kleiner dimensioniert, mehr an den Körper gebunden, kann auch konventioneller gedacht sein, während Gebärde größer, über den Körper hinausgehend verstanden werden kann, als Aktion - aus einem Innenraum entstehend und in einen Raum gerichtet.
Auch bei Tschechow ist der Unterschied nicht eindeutig. In der englischen Ausgabe gibt es nur das Wort *gesture*, in der Übersetzung nach der russischen Ausgabe wählt die erste Übersetzung[290] das Wort „Geste“, die neuere Übersetzung[291] das Wort „Gebärde“. Das Wort Gebärde klingt vielleicht etwas altertümlicher oder eben auch bedeutungsträchtiger, das Wort Geste eher etwas technisch oder technokratisch. Beides, Geste oder Gebärde, wäre aber in Bezug auf „Gestus“ jedenfalls nicht als „Gestikulieren“ im engen körperlichen Sinne zu verstehen oder als malende oder nachzeichnende Geste, sondern auf eine Haltung in Bewegung zu beziehen.

UH.: In den Materialien zum Wanja-Projekt sprechen Sie davon, dass Ihnen heute einiges durchaus wieder bedenkenswert erscheint von dem, was ihr Vater über

[290] Tschechow, M.: Werkgeheimnisse der Schauspielkunst
[291] Cechov, M.: Die Kunst des Schauspielers

Sprache und Gebärden gesagt und geschrieben hat, auch über das hinaus, was sich in Ihre Konzeptionen ‚hineingerettet' hat. - Können Sie sagen, welche Aspekte oder Gedanken Sie dabei besonders im Sinn haben oder hatten?

HMR: Hinübergerettet hat sich das Arbeiten mit der Gebärde, entwickelt aus dem Gang oder dem Charakter einer Person.

UH: Ihr Vater hat mit Gottfried Haaß-Berkow gearbeitet. Für die Fachgeschichte der Sprachgestaltung ist Haaß-Berkow eine bedeutende Persönlichkeit. Er war einer der Schauspieler, die Rudolf Steiner dazu bewogen haben, den ‚Dramatischen Kurs' zu halten, wodurch die Sprachgestaltung letztlich begründet wurde.
Hat Ihnen Ihr Vater von seiner Tätigkeit in der Haaß-Berkow Gruppe erzählt?

HMR: Das Besondere war offenbar, dass er durch seine einfachen Gesten sehr stark zum Spielen angeregt hat. Er hat sie vorgemacht, die Spieler konnten hineinschlüpfen, und damit spielen. Mein Vater hat das mit (uns) Kindern ähnlich gemacht, hat eine Figur geschildert – etwa den König Herodes – und gefragt: wie wird der wohl gehen? Schließlich stampft er und schlägt mit der Faust in die Luft: *„Und nun erst lasse ich sie sprechen: 'Ich bin Herodes!' Da es aus Gang und Gebärde hervorkommt, wird das Sprechen unmittelbar kennzeichnend.*"[292]

UH: Sie haben auch in der Sprachgestalter-Ausbildung an der Alanus-Hochschule unterrichtet. Das ist natürlich schon sehr lange her. Hatten Sie die Gelegenheit, künstlerische Darbietungen angehender Sprachgestalter zu hören?

HMR: Ich habe 2006 einen mehrtägigen Kurs in Alfter gegeben – auf Einladung von Sabine Eberleh, der ist dort sehr positiv aufgenommen worden. Ich habe aber keine Präsentationen der Sprachgestalter erlebt. Ich habe auch selbst nie (zugestanden: in Unkenntnis) genau unterschieden zwischen Eurythmisten und Sprachgestaltern. Einmal habe ich in der Waldorfschule an einem Informationskurs für Eltern zur Eurythmie teilgenommen, habe heute noch die singende Sprechweise der Eurythmistin beim *Türmerlied* aus dem *Faust* im Ohr. Habe – wohl 1955 – auch einmal eine Faust-Aufführung in Dornach erlebt – allerdings doch eher distanziert. Ich kann aber bei vielen Gedanken und Vorstellungen Steiners durchaus mitgehen, nicht allerdings bei den religiösen oder weltanschaulichen Überhöhungen.

UH.: Vielen Dank für das anregende Gespräch.

[292] HMR zitiert Ritter-Schaumburg aus: Ritter 1991 S. 11